Trick 17

Trick 17: Mediengeschichten zwischen Zauberkunst und Wissenschaft

Sebastian Vehlken, Katja Müller-Helle,
Jan Müggenburg, Florian Sprenger

meson press

Bibliographische Information der Deutschen Nationalbibliothek
Die Deutsche Nationalbibliothek verzeichnet diese Veröffentlichung in der Deutschen Nationalbibliographie; detaillierte bibliographische Informationen sind im Internet unter http://dnb.d-nb.de abrufbar.

Veröffentlicht 2016 von meson press, www.meson.press

Designkonzept: Torsten Köchlin, Silke Krieg
Umschlaggrafik: „The Egg and the Hat-Trick." In Hopkins, Albert A., Hg. 1911 [1897]. *MAGIC: Stage Illusions And Scientific Diversions. Including Trick Photography.* New York: Dover Publications, 119.
Korrektorat: Lotte Warnsholdt

Die Printausgabe dieses Buchs wird gedruckt von Books on Demand, Norderstedt.

ISBN (Print): 978-3-95796-080-1
ISBN (PDF): 978-3-95796-081-8
ISBN (EPUB): 978-3-95796-082-5
DOI: 10.14619/017

Die digitale Ausgabe dieses Buchs kann unter www.meson.press kostenlos heruntergeladen werden.

Inhalt

Trick 17 zur Einführung

Der Zauber der Medien speist sich aus einem Geheimnis: Dem Benutzer sind sie Black Boxes, die den Blick auf ihr Inneres verbergen. Doch die Black Boxes all jener zauberhaften Gadgets, mit denen wir uns umgeben, können geöffnet und die vermeintliche Magie des Medialen kann entzaubert werden. Diese epistemische Schwelle zwischen magischem Moment und enttäuschender Einsicht bildet bis in die Gegenwart digitaler Kulturen das mediale Faszinosum der Zauberei.

Am Anfang jeder Zaubervorführung steht das Begehren, getäuscht zu werden – trotz des Wissens um die Geschicklichkeit des Zauberers, der die innere Mechanik seiner Tricktechniken auf die Schauseite der Illusionskunst überführt. Und am Ende bleibt ein Staunen, in das sich bei aller Desillusionierung der Technik ein Moment der Verzauberung einnistet und Unruhe stiftet. Während solche Akte der Desillusionierung zwar die vermeintlich magischen Momente als faulen Zauber demaskieren, treten dabei zugleich die Technologien der Täuschung ins Rampenlicht: Erst die Kenntnis und Ausnutzung physikalischer Gesetze, erst das Experimentieren mit und Konstruieren von mechanischen Zauberapparaten, erst das gekonnte Spiel mit der Wahrnehmung und Aufmerksamkeit der Zuschauer, macht deren ‚Verzauberung' möglich. Und diese wiederum erleben den besonderen Reiz einer Zaubervorführung in jenem Kontrast zwischen dem Wissen um eine rationale Erklärbarkeit des Geschehens und dem (vorläufigen) Unvermögen, sich diese Rationalität herzuleiten. Dazwischen stehen *Tricktechniken*, mit denen sich die moderne Zauberei von Magie und Hexerei emanzipierte.

Auch in den Experimentalsystemen moderner Wissenschaften und den Forschungslaboren von Ingenieuren geht einer Rückkehr auf den Boden der Tatsachen oft ein geradezu magischer Moment voraus. Ein Augenblick, in dem physikalische Phänomene, biologische Emergenzen und chemische Manifestationen als *Techniktricks* die gewohnte Wahrnehmung herausfordern, bestehendes Wissen über den Haufen werfen und das rationale Subjekt provozieren. Während die Zauberkunst ihre Medientechniken der Täuschung jedoch zur Schau stellt oder zum Gegenstand lustvoller Spekulation macht, lehnt sich naturwissenschaftliche Erkenntnisproduktion oft an scheinbar eindeutige und evidente Operationsketten an. Zumeist verbergen Physiker und Biologen die Rolle ihrer wissenschaftlichen Medien als epistemische Agenten zwischen Subjekt und Welt. Doch wenn wissenschaftliche Vorführungen misslingen oder Forscher die Kniffe und Tricks ihrer Methoden verraten, erscheinen Wissenschaftler für einen kurzen Moment als Medienkünstler und ihre Apparate als Zauberkästen szientifischer Praxis.

In einem mediengeschichtlichen und medientheoretischen Wechselspiel von *Tricktechniken* und *Techniktricks* präsentiert der vorliegende Band eine Stereoskopie der Zauberei, deren Blick sowohl auf das Wissen der Zauberkunst wie auf den Zauber der Wissenschaften und der Technik gerichtet ist. Die Black Boxes der Technologien eröffnen bis in die Gegenwart eine Perspektive auf das historisch gewachsene Zusammenspiel von Zauberei und Wissenschaft – im Sinne einer Mediengeschichte der Zauberkunst. Im Mittelpunkt steht dabei jene epistemische Schwelle zwischen magischem Moment und Ent-Täuschung, an der sich die Frage nach Wissen, Wissbarem und Wissbegier, nach dem medialen Zugriff auf unsere Sinne und dem sinnlichen Zugriff auf unsere technische Welt erneut stellen lässt.

Dass die Klärung derartiger ‚letzter Fragen' heutzutage nicht mehr der Metaphysik oder den Naturwissenschaften obliegt, sondern dem Feuilleton, können wir dabei nur begrüßen. Denn so wird Raum für erfindungsreiche Antworten geschaffen, die auch für unsere Mediengeschichten zwischen Zauberkunst und Wissenschaft instruktiv sind. Unter der Rubrik mit eben jenem Titel – *Letzte Fragen* – erschien vor einiger Zeit in der *taz* die Zuschrift eines Trick-Experten auf die Frage: Was ist eigentlich Trick 17? Seine Replik klingt mehr als glaubhaft:

> Als der große Magier und Entertainer Carlos Luminoso 1924 starb, entdeckte man in seinem Nachlass ein Verzeichnis seiner beeindruckendsten Zaubertricks – mit kompletter Beschreibung des jeweiligen Verfahrens, der Angabe aller benötigten Hilfsmittel und detaillierten Zeichnungen der Aufbauten. Insgesamt umfasste dieses bedeutende Standardwerk für angehende IllusionistInnen 17 Tricks. Leider war das Manuskript unvollständig: Die letzten drei Seiten, die sich mit dem im Inhaltsverzeichnis aufgeführten Trick 17 befassten, fehlten. Der Herausgeber des Werkes (erhältlich nur im englischen Original, 3. Auflage 1969, erschienen bei Blackwell, Oxford) beklagt diesen Umstand besonders, weil die vorangehenden Kunststücke in der Reihenfolge ihrer Nummerierung von steigender Intensität sind und wir von Trick 17 die Krönung seines Lebenswerks erwarten durften. (Bruners 2001, 67)

Neben einem unbedingten Willen zur Anekdote, der sich durch die Kulturgeschichte der Zauberkunst zieht, kommt in diesem Antwortschreiben auch ein ambivalenter Wille zum Wissen zur Geltung, der im Fall der Zauberei mit einem Bereich des Nicht-Wissens konfligiert. Denn was bleibt von der

Faszination eines Tricks, wenn seine Funktionsweise enthüllt wird? Und wie lässt sich das Verhältnis dieses Wissens um Tricks und Techniken zu jenem Nicht-Wissen fassen, das die Faszination der Zauberei konstituiert? Anders gefragt: Wer überlistet bei einem Zaubertrick wen? Zielt die List auf die Wissenden oder die Nicht-Wissenden? So fiktiv die Geschichte von Carlos Luminoso also auch sein mag, so real ist die medientechnisch regulierte Unterscheidbarkeit von Wissen und Nichtwissen, die sich in jener Anekdote über die drei fehlenden Seiten seines Trickverzeichnisses niederschlägt. Denn die Antwort auf die Leserfrage findet sich nicht auf der inhaltlichen, sondern auf der operativen Ebene: Der Autor wendet Trick 17 einfach an. Gemeint sind damit nämlich einerseits gewitzte und originelle, in ironischer Verwendung aber auch offensichtliche Lösungswege (Küpper 1984, 2895). Entsprechend definiert Lutz Röhrich Trick 17 im *Lexikon der sprichwörtlichen Redensarten* als „eigentümliche[n] Kunstgriff, Kniff, der überraschend angewandt wird und nicht immer ohne Täuschung zu sein braucht" (Röhrich 2009, 1639). Über diese Definition hinaus verweist Trick 17 jedoch auf mehr: auf die Stelle, an der Medientechniken verschleiern, überspielen, offenlegen, aufführen und modellieren, was zwischen Wissbarem und Nicht-Wissen situiert ist.

Die vier Kapitel dieses Buchs folgen der medienwissenschaftlichen Perspektive auf die Zauberei, welche Trick 17 als Denkfigur evoziert. Ihr Blick ist dabei sowohl auf das Wissen der Zauberkunst und die Techniken des Verzauberns als auch auf den Zauber der Wissenschaften und der Technik gerichtet. Damit unterscheiden sich die Texte von bereits vorliegenden kulturhistorischen und wissensgeschichtlichen Studien (vgl. in kulturhistorischer Perspektive maßgeblich z.B. Felderer und Strouhal 2007; literaturwissenschaftlich z.B. Mildorf, Seeber und Windisch 2006; Schenkel und Welz 1999; Thurschwell 2001; Stockhammer 2000; oder historisch z.B. Daniels 2009). Auch interessieren wir uns nur am Rande für das verwandte (und ältere) Gebiet der Magie und klammern den weiten Begriffsbereich des Illusionären ebenfalls aus. Stattdessen konzentriert sich unser Buch explizit auf medientechnische Materialitäten. Die einzelnen Kapitel beginnen jeweils bei Apparaten, Maschinen und Technologien, die im Wissensfeld der Zauberei aktiv sind oder als Zauberei verstanden werden und gleichermaßen die Möglichkeitsbedingungen für Zauberer, Forscher und Ingenieure konstituieren. So wird anhand exemplarischer historischer Konstellationen im Anschluss an derartige Medientechniken die Tragweite von Techniken des ‚Zauberns' in Varieté, Laboren und Wohnzimmern für die medienwissenschaftliche Theoriebildung untersucht. Dabei lassen sich mindestens vier Aspekte einer medienwissenschaftlichen

Problematisierung der Zauberkunst identifizieren, die in allen Kapiteln dieses Buches zum Tragen kommen.

Erstens erscheinen Zaubertricks als medientechnische Ereignisse, die das Verhältnis von Wissen (auf Seiten des Zauberers) und Nicht-Wissen (auf Seiten des Publikums) reorganisieren. So war Harry Houdini (1874–1926), der große amerikanische Entfesselungskünstler, nicht nur ein Meister der Täuschung, sondern auch vehementer Aufklärer und Antispiritist:

> Houdini, the great transitional figure between ‚magical' acts and ingenious tricks, was at pains to explain that everything he did was a trick. (Ebert 2007)

Als Mitglied eines Komitees des *Scientific American* schrieb er Belohnungen für jedes ‚übernatürliche' Phänomen aus, für das keine Erklärung gefunden werden konnte. In keinem der vorgeschlagenen Fälle musste die Zeitschrift den ausgelobten Betrag auszahlen (vgl. ebd.). Die Zauberkunst war bereits seit Mitte des 19. Jahrhunderts vielfach bestrebt, sich mithilfe einer quasiwissenschaftlichen Methodik von vormoderner Magie und okkulter Hexerei zu emanzipieren (vgl. hierzu allgemein Thorndike 1923). Diese Abgrenzung durch Annäherung an das Prestige wissenschaftlicher Praktiken hatte gleichzeitig eine Aneignung neuer Technologien, Medien und Formen der Repräsentation zur Folge (vgl. das Kapitel *Prestigeverlust*). Als Grundlage von Zaubertricks manifestierten sich damit keine geheimen Rezepturen und Abrakadabras, sondern das Wissen um physikalische Vorgänge und der penible Umgang mit technischen Gerätschaften. Houdini ließ seinen dem Publikum zunächst schier unglaublich erscheinenden Vorführungen nicht selten die wissenschaftliche Erklärung und Offenlegung der Tricks und Zaubertechniken folgen. In diesem Sinne kann die Zauberkunst trotz ihrer Ursprünge in der Schaustellerei und aus dem Jahrmarkt als Stiefkind der Aufklärung betrachtet werden: Sie spielt mit dem Nicht-Wissen der naiven Zuschauer, illusioniert sie als Kundschaft und desillusioniert sie als aufgeklärte Subjekte. Bei jedem Zaubertrick ist somit klar, dass es sich um einen technisch produzierten und von Menschenhand inszenierten Trick handelt und nicht um Magie. Damit treten zugleich neue Medientechniken auf den Plan, die eben diese aufklärerisch-spektakuläre Funktion des Verbergens eines kausalen Mechanismus durch Vorführen eines Spektakels zum Zweck einer kohärenten Inszenierung übernehmen. Und das Publikum wiederum erlebt den besonderen Reiz einer Zaubervorführung in jenem Kontrast zwischen dem Wissen um eine rationale Erklärbarkeit des Geschehens und dem (vorläufigen) Unvermögen, sich diese Rationalität herzuleiten.

In ihrer Funktion als Operatoren zwischen Wissen und (Nicht-)Wissen verhandeln Zaubertricks *zweitens* das Verhältnis von Wissenschaft und *Nicht*wissenschaft. Denn es ist ihre wissenschaftliche Kompetenz, welche es der Zauberkunst ermöglicht, als Gegenbewegung zu den Wissensfeldern der vorwissenschaftlichen Magie, des Aberglaubens sowie zu Geheimwissenschaften wie der *Magia naturalis* oder dem modernen Spiritismus und Okkultismus zu operieren (Lehmann 1985). Und diese Geste der Abgrenzung zur Magie konstituiert sich in erster Linie über eine Reflexion von Technik als Vehikel szientifischer wie inszenatorischer Aufklärung (vgl. das Kapitel *Trick Photography*). So hat auch Ernst Cassirer 1930 in seinem einflussreichen Text *Form und Technik* die Technik streng von der Magie abgegrenzt: Während in letzterer die ‚Unmittelbarkeit des Begehrens' herrsche, sei es der Technik gelungen, das Ziel der Tätigkeit in die Ferne zu rücken und dadurch die Welt als objektiven Möglichkeitsraum zu konstituieren (Cassirer 2004, 139–183).[1] Wie bei Houdini geht jedoch jeder Objektivierung ein Moment voraus, in dem physikalische Phänomene, biologische Emergenzen oder chemische Manifestationen hergebrachte Konzepte und Theorien provozieren und das rationale Subjekt faszinieren. Entsprechend setzen sich vor allem die ganzheitlich und ‚systemisch' operierenden Forschungsperspektiven für eine auf solche ‚magischen' Momente fokussierende Wiederverzauberung der Wissenschaften ein (vgl. Harrington 2002). Zu fragen wäre dann, mit welchem Technikbegriff eine solche Rehabilitierung von ‚Nichtwissenschaften' erreicht werden soll bzw. welche erkenntniskritischen Strategien der Selbstreflektion hier greifen und welche nicht (vgl. das Kapitel *Trickkisten*). Andererseits steht zur Debatte, ob die moderne Zauberkunst vielleicht zu sehr auf ein profundes naturwissenschaftliches, ingenieurstechnisches und physiologisches Wissen setzt, um immer spektakulärere Tricks zu inszenieren, dabei aber unter Umständen das von Cassirer beschriebene ‚magische Moment' des Nichttechnischen aus den Augen verliert.

Zwischen diesen beiden Positionen einer ‚Wiederverzauberung von Wissenschaft' und einer ‚Zauberei ohne magischen Rest' stellt sich *drittens* die Frage nach der Eigenständigkeit der Dinge: Wie werden verzauberte Dinge technisch und wie verzaubert man technische Dinge, denen es jüngst immer mehr darum geht, ihr Technisches zu verbergen (vgl. das Kapitel *Handlungsmächte*)? Während die Zauberkunst ihre Medientechniken der Täuschung zum Gegenstand lustvoller Spekulation macht, lehnt sich naturwissenschaftliche Erkenntnisproduktion oft an nur scheinbar eindeutige und evidente Operationsketten an – auch und vor allem in

1 Der Dank für diesen Hinweis gebührt Thomas Brandstetter.

Wissensbereichen, in denen Phänomene noch weithin unerklärt sind. Mehr noch: Nicht selten verschweigen Physiker und Biologen die Rolle ihrer wissenschaftlichen Medien als epistemische Agenten zwischen Experimentatoren und Welt oder Ingenieure die technischen Details ihrer Automaten. Wenn jedoch wissenschaftliche Vorführungen misslingen oder Forscher die Kniffe und Tricks ihrer Methoden verraten müssen, erscheinen auch Wissenschaftler für einen kurzen Moment als Medienkünstler und ihre Apparate als Zauberkästen szientifischer Praxis. Hier offenbart sich eine enge epistemische Verwandtschaft von Technik, Wissenschaft und Zauberei: „Technische Medien machen Zaubern alltäglich" (Kittler 1986, 58).

Das medientheoretische Potenzial der Verschränkung eines Wissens der Zauberkunst mit einem ‚Zauber' der Wissenschaften lässt sich *viertens* in einem raumzeitlichen *Dazwischen* von *Tricktechniken* und *Techniktricks* entwickeln. Dabei steht nicht so sehr ein Dazwischen im Sinne abstrakter medientheoretischer Begrifflichkeiten zur Debatte, wie sie etwa ausgiebig mit Bezug v.a. auf den Begriff des *metaxy* diskutiert wurden (vgl. hierzu v.a. Sprenger 2012; Hagen 2008, 13-29; Mersch 2008, 304-321). Vielmehr geht es um ganz konkrete, medientechnisch installierte Latenzen in Raum und Zeit: um Zwischenräume, in denen sich z.B. die in Wirklichkeit gar nicht zersägte Jungfrau befindet. Oder um unmerkliche Bewegungsmomente, die z.B. den Blick der Zuschauer auf einer drehbaren Plattform so weit wenden, bis hinter dem Vorhang, der sich vor der New Yorker Freiheitsstatue schließt, plötzlich nichts mehr ist. Oder um die Datensammlung, die ein vermeintlich zauberhaftes Gadget prozessiert, während es kognitive Leistungen seines Nutzers sowie Aufgaben des Alltags übernimmt, zugleich aber als Stellvertreter der Herstellerfirma agiert. Oder um den Moment der foto-chemischen Einschreibung, der in der Blackbox des Apparats versenkt ist und im Nachhinein bildtechnische Evidenz erlangen kann. Diese versteckten, unsichtbaren oder übersehbaren (Zeit-)Räume sind die Orte der Medientechnik – sie bestimmen die Weisen des Verschwindens und des Wiedererscheinens, und sie sind selbst durch die Prozessualität dieses Verschwindens und Wiedererscheinens bestimmt. Im Fall von Zaubertricktechniken wird somit jenes wohlbekannte medienwissenschaftliche Diktum besonders plastisch, welches besagt, dass Medien zwischen Differenzen vermitteln, jedoch ohne dass dieses Dazwischen durch die jeweiligen Differenzpole zu bestimmen sei. Ihre Vermittlung beruht konstitutiv auf (raumzeitlichen) Trennungen, die im Sinne ebendieser Vermittlung negiert werden. Nichts anderes sind Zaubertricks: Sie konstituieren unmerkliche Trennungen, indem sie am Wahrnehmungspotenzial ihrer Zuschauer arbeiten. Dadurch kreieren sie jenes Dazwischen, in dem sich der Zauber des Zauberns erst entfalten kann, in dem sich Jungfrauen, Kaninchen und Ubi-Spirits tummeln können.

Vor dem Hintergrund dieser vier Aspekte widmen sich die Kapitel dieses Buches dem Wechselspiel der *Tricktechniken* moderner Zauberkunst und den *Techniktricks* moderner (Labor-)Wissenschaften und Forschungseinrichtungen. Der Blick auf die medientechnischen Materialitäten beider Felder ermöglicht dabei eine Beschreibung der Verschränkung von Praktiken, Techniken und Inszenierungen, die magische Momente hervorbringen, ohne die Grenze zwischen Wissenschaft und ihrem anderen, Technik und Beseelung, Bühnenzauber und seiner Enttarnung wieder zu institutionalisieren.

Der Trick 17 hinter der Entstehung dieses Buches besteht indes darin, dass dessen Kapitel ihren Ursprung in vier einzelnen Vorträgen haben, welche erstmals im Rahmen des Panels „Magische Momente – Fauler Zauber. Medien und Techniken der Täuschung" auf der Jahrestagung der Gesellschaft für Medienwissenschaft in Wien im Jahr 2009 gehalten wurden. Weil uns das Interesse an der medientechnischen Seite der Zauberkunst seither nicht mehr loslassen wollte, entwickelte sich in der Folge des Panels ein regelmäßiger Austausch über Medientricks aller Arten. Und da unsere Vorträge über die Jahre so zu gegenseitig kommentierten und überarbeiteten Aufsätzen wuchsen, war es naheliegend, ihnen schließlich die Form eines kleinen gemeinsamen Buches zu geben. Neben den AutorInnen waren an dessen Entstehung weitere Personen beteiligt, bei denen wir uns herzlich bedanken wollen. Claus Pias und Thomas Brandstetter haben das Thema von Anfang an mit unersetzbaren Hinweisen und Hilfestellungen begleitet. Lotte Warnsholdt danken wir für die genaue Durchsicht der Manuskripte und Andreas Kirchner sowie Marcus Burckhardt von Meson Press für die Unterstützung.

Literatur

Bruners, Jan. 2001. „Trick 17." In *Was tut der Wind, wenn er nicht weht? Letzte Fragen und ernste Antworten*, hg. von Barbara Häusler, 67. Hamburg: Rowohlt.

Cassirer, Ernst. 2004. „Form und Technik." In Ernst Cassirer, *Gesammelte Werke: Hamburger Ausgabe. Band 17: Aufsätze und kleine Schriften (1927–1931)*, hg. von Birgit Recki, 139–183. Hamburg: Meiner.

Daniels, Noel C., Hg. 2009. *Magic 1400s–1950s*. Köln: Taschen.

Ebert, Roger. 2007. „The Prestige: Review." *Chicago Sun-Times*, 6. September. Letzter Zugriff am 22.02.2016. http://rogerebert.suntimes.com/apps/pbcs.dll/article?AID=/20070906/REVIEWS/709060303/1023.

Felderer, Brigitte und Ernst Strouhal, Hg. 2007. *Rare Künste: Zur Kultur- und Mediengeschichte der Zauberkunst*. Wien, New York: Springer.

Hagen, Wolfgang. 2008. „Metaxy: Eine historiosematische Fußnote zum Medienbegriff." In *Was ist ein Medium?*, hg. von Alexander Münkler und Stefan Roesler, 13–29. Frankfurt/M.: Suhrkamp.

Küpper, Heinz. 1984. *Lexikon der Deutschen Umgangssprache*. Hamburg: Claasen.

Lehmann, Alfred. ^{5}1985 (^{1}1908). *Aberglaube und Zauberei: Von den ältesten Zeiten an bis in die Gegenwart*. Ahlen: Scientia Verlag.

Mersch, Dieter. 2008. „Tertium datur: Einleitung in eine negative Medientheorie." In *Was ist ein Medium*, hg. von Alexander Münkler und Stefan Roesler, 304–321. Frankfurt/M.: Suhrkamp.

Mildorf, Jarmila, Ulrich Seeber und Martin Windisch, Hg. 2006. *Magic, Science, Technology, and Literature*. Kultur und Technik, Bd. 3. Berlin: Lit.

Röhrlich, Lutz. 2009. *Lexikon der sprichwörtlichen Redensarten*. Freiburg: Herder.

Schenkel, Elmar und Stefan Welz, Hg. 1999. *Lost Worlds & Mad Elephants: Literature, Science and Technology 1700–1990*. Berlin: Galda & Wilch.

Sprenger, Florian. 2012. *Medien des Immediaten: Elektrizität, Telegraphie, McLuhan*. Berlin: Kadmos.

Stockhammer, Robert. 2000. *Zaubertexte: Die Wiederkehr der Magie und die Literatur 1880–1945*. Berlin: Akademie.

Thorndike, Lynn. 1923. *A History of Magic and Experimental Science*. New York: Columbia University Press.

Thurschwell, Pamela. 2001. *Literature, Technology and Magical Thinking, 1880–1920*. Cambridge: Cambridge University Press.

[1]

Prestigeverlust: Medientechnik und Zauberkunst zwischen *Mechanical Tricks* und *Electrical Wizardry*

Sebastian Vehlken

> Jeder Zaubertrick besteht aus drei Akten oder Phasen. Im ersten Teil wird das Thema vorgestellt. Der Magier zeigt ihnen etwas ganz Gewöhnliches. Ein Kartenspiel, einen Vogel, oder eine Person. Er zeigt ihnen dieses Objekt. Vielleicht bittet er sie auch darum, es zu inspizieren, damit sie sehen können, dass es wirklich echt ist. Ja, unverfälscht und normal. Doch natürlich ist es das wahrscheinlich nicht. In der zweiten Phase geschieht der Effekt. Der Magier nimmt das gewöhnliche Objekt und lässt damit etwas Außergewöhnliches geschehen. Nun suchen sie nach dem Geheimnis, aber sie werden es nicht finden. Denn natürlich ist es so, dass sie nicht wirklich hinsehen. Sie wollen es eigentlich gar nicht wissen. Sie wollen sich täuschen lassen. – Aber noch applaudieren sie nicht. Denn etwas verschwinden zu lassen, ist nicht genug. Man muss es auch zurückbringen.
> Aus diesem Grund hat jeder Zaubertrick einen dritten Akt. Den schwierigsten Teil. Man nennt ihn ‚Prestigio'. Das Finale. (Christopher Nolan, *The Prestige*, GB/USA 2006)

Christopher Nolans Film *The Prestige* aus dem Jahr 2006 beginnt mit einem Monolog aus dem Off, der in die drei Akte eines Zaubertricks einführt. Der Exposition des Objekts durch den Magier folgt der ungewöhnliche Effekt – beispielsweise das Verschwinden des fraglichen Gegenstandes. Doch die Kontrolle über seinen Trick, über die Wahrnehmung der Zuschauer und über das mediale, räumlich-zeitliche Dazwischen der tricktechnischen

Anordnung beweist der Zauberkünstler erst unter einer dritten und entscheidenden Prämisse. Er muss dem Effekt eine *Punch Line* verleihen, eine Pointe: das Prestigio, das am Ende das Gelingen des Anfangs entbirgt.

Dieses dreiteilige Phasenmodell bestimmt auch den Plot dieses Films, der vom gnadenlosen Konkurrenzkampf zweier Magier in London um 1900 erzählt. Zu Zeiten dieser Hochphase der Varietézauberei arbeiten auch reale Zauberkünstler längst mit Ingenieuren und einem regelrechten Technikteam zusammen, um immer spektakulärere Tricks zu ‚erfinden'. Im Film sind es die fiktiven Illusionskünstler Robert Angier, bekannt als *Der Große Danton* (gespielt von Hugh Jackman), und sein Widerstreiter Alfred Borden (Christian Bale). Dieser trägt das vielsagende Alias *The Professor*. Sie verstricken sich in eine intrigante, gewalttätige und schlussendlich tödliche Spirale, die aus immer sensationelleren und exzessiveren Zaubervorführungen gespeist wird. Die erbitterten Konkurrenten machen dabei auch vor perfiden Tricksereien, Enthüllungsversuchen und Sabotageakten hinter den Kulissen ihrer Shows keinen Halt.

Im Mittelpunkt dieses Wirbels steht die Realisierung eines unglaublichen Tricks, des sogenannten *Transported Man*. Bei diesem Kunststück scheint der Zauberer Zeit und Raum kurzzuschließen: Auf der Bühne stehen zwei schlichte Türrahmen, seitlich zum Publikum ausgerichtet. Der Zauberer – eine erste Unmöglichkeit – verschwindet in einer Tür, um einen Augenblick später – eine zweite Unmöglichkeit – aus dem anderen Rahmen hervorzutreten. Der leere Raum zwischen den Türen scheint per Teleportation überbrückt worden zu sein. Dass er wirklich leer ist, wird dadurch unterstrichen, dass der Magier, bevor er die erste Tür betritt, einen Gegenstand, z.B. einen Ball, durch diesen Bühnenraum hüpfen lässt, den er lässig wieder auffängt, wenn er aus der zweiten Tür tritt (siehe analog auch der Beweis der Gewöhnlichkeit eines Tisches auf der Bühne im Text von Katja Müller-Helle). Der Professor hat diesen Trick perfektioniert. Danton versucht verzweifelt, ihm das Geheimnis seines Prestigio zu entreißen – denn schließlich geht es ums Prestige.

Diesen Plot webt Nolans Film ein in eine mediale Konstellation mit eigenem Prestigio: Er knüpft nicht nur an die wohlbekannten Verbindungen an, die zwischen der Welt der klassischen Bühnenzauberei und ihren Wahrnehmungstäuschungen auf der einen Seite und der um 1900 im Entstehen begriffenen ‚Magie' des frühen Kinos auf der anderen Seite bestehen. The Prestige feiert vor allem die Faszinationskraft visueller Effekte. Und diese Kraft wird an ein technikhistorisches Dispositiv angeschlossen. Denn als der größte Magier und Geheimnisträger des *Transported Man*-Tricks tritt schließlich kein Geringerer auf als der um 1900 auf dem Zenit seiner Karriere stehende *electrical wizard* Nikola Tesla. Das medientechnische Dazwischen von Tricktechnik und Techniktricks (vgl. hierzu die Ausführungen in der Einleitung) wird in Nolans Film mithin in beispielhafter Weise ausbuchstabiert.[1] Dieser Beitrag widmet sich im Anschluss an *The Prestige* einigen historischen Szenen, in denen die Verwicklung von Tricktechnik und Techniktricks exemplarisch sichtbar wird: Von den gemeinsamen genealogischen Linien von Bühnenzauberei und frühen filmischen Tricks, über funktionierende und manchmal auch fehlschlagende mechanische Tricks à la Houdini, hin zu den wie Zaubershows inszenierten Technik-Vorführungen Teslas. Er folgt dabei drei grundsätzlichen Beobachtungen oder Thesen: Eine erste besteht darin, dass die Konfrontation von moderner Zauberei seit 1900 und Mediengeschichte in *The Prestige* die intrikaten Vorgänge im medialen Dazwischen anspricht, die Zauberei und medienwissenschaftliche Fragen konzeptuell verknüpfen: Nämlich jenen paradoxalen, mediengenerierten zeitlichen und räumlichen Zusammenschluss, der eine raumzeitliche Trennung zugleich voraussetzt und negiert. Nicht Übersinnliches steht damit seit jeher in der Zauberkunst zur Disposition, sondern Über-Sinnliches. Zauberei beruht auf Vorgängen, die z.B. mit einer Geschwindigkeit jenseits der menschlichen Wahrnehmungsschwelle vorgetragen werden oder auf optischen Täuschungen beruhen. Damit ruft sie jenes zuvor angesprochene Paradox von scheinbar simultaner Trennung und Zusammenschluss hervor, das sie konzeptionell in so große Nähe zu technischen Medien bringt. Zweitens baut Zauberei zumeist auf einem bestimmten mathematischen oder physikalischen Wissensvorsprung des Vorführenden auf. Sie bedarf eines Wissens, dessen Muster oder Organisation in der Vorführungssituation nicht ohne ein gewisses Vorwissen erkennbar ist. Bereits zeitgenössische Publikationen des 17. Jahrhunderts erscheinen unter diesbezüglich sprechenden Titel wie z.B. *Mathematisch-physikalische Erquickstunden* (Schwenter 1636). Mit den ‚technischen Wundern' der Moderne bekommen diese Reminiszenzen jedoch einen noch prominenteren Stellenwert. Dass derartige Prozesse jedoch – und dies wäre ein dritter Aspekt – niemals vollständig zu kontrollieren sind, machen nicht nur jene fehlschlagenden *Mechanical Tricks* deutlich, von denen noch die Rede sein soll. Für Heinz von Foerster etwa,

1 *The Prestige* stand in unserem Panel *Magische Momente – Fauler Zauber. Medien und Techniken der Täuschung* auf der Jahrestagung der Gesellschaft für Medienwissenschaft 2009 noch im Fokus meines Vortrags. Inzwischen ist ein substanzieller Artikel zu dieser Film-Thematik mit ganz ähnlicher Argumentationslinie andernorts erschienen: Rein 2012, 145–165. Daher möchte ich hier eine etwas andere Schwerpunktsetzung vornehmen.

so zeigt auch Jan Müggenburg in seinem Kapitel, ist eine Zaubervorführung stets ein Dialog zwischen Zauberer und Publikum, in dem ersterer immer nur versuchen kann, die Aufmerksamkeit der Rezipienten anzuregen, zu manipulieren und zu lenken – ohne eine Garantie dafür, dass dies auch funktioniert. Diese grundsätzliche Verunsicherung, so Müggenburg, sei mithin auch eine Kernfunktion der Zauberei: Es steht immer auch die Möglichkeit des Scheiterns auf dem Spiel – und dies erhöht naturgemäß dessen Reiz. Ohne diese Elemente – Über-Sinnlichkeit, Wissensasymmetrie, und Möglichkeit des Scheiterns – ist kein Prestigio zu haben.

Durchaus selbstreflexiv thematisiert Nolan in seinem Film die unvermeidlichen Früh- und Vorgeschichten optischer oder akustischer Medien. Denn oft wird die Mediengeschichte der Zauberkunst vom Film oder anderen Zeit-Medien her erzählt. In Zaubervorführungen, so wird behauptet, hätten Film und Kino gleichsam ihre Testphase gehabt und unterschwellig technische Wunderwerke mit einem medien-illiteraten Publikum verschaltet (vgl. Felderer und Strouhal 2007, 14). Auch fehlt in solcherart Mediengeschichten der modernen Zauberei niemals der Hinweis, dass Georges Méliès, der Pionier des phantastischen Films, nicht nur den kompletten Nachlass von Jean-Eugène Robert-Houdin, dem Vater der modernen Zauberkunst, aufkaufte und dessen Zauberbühne weiterbetrieb (vgl. ebd.). Für das frühe *Cinema of Attraction* von Méliès bedeutete der Film eine Fortsetzung zaubertechnischer Anordnungen mit neuen chronooptischen Tricks und unter den viel besser kontrollierbaren Bedingungen eines Schnittraums gegenüber einer Live-Bühne (vgl. Gunning 1986). Er setzte Zeitraffer, Doppelbelichtung oder Stopptrick für nie gesehene optische Illusionseffekte ein. Mit den Spezialeffekten der Filmtechnik konnten Menschen und Objekte auf der Leinwand verdoppelt, verwandelt oder zum Verschwinden gebracht werden (siehe Abb. 9 im Beitrag von Katja Müller-Helle und auch die im Text von Florian Sprenger thematisierte Kunstform des Slapstick).

Aber Méliès' Emphase auf Tricktechnik statt auf Narration ließ seine Filme sehr bald schon herausfallen aus der Entwicklung der neuen Kunstform. Diese entstand laut Erwin Panofsky ja keineswegs aus einem künstlerischen Impuls heraus, sondern ging als erste Kunstform sukzessive aus einer technischen Erfindung hervor (Panofsky 1993, 19). Doch schon vor genuin filmischen Techniken wie der Montage und verschiedenen Einstellungsgrößen machte Méliès' phantastischer Film halt und blieb der tricktechnischen Zauberei verhaftet.[2] Das Kino aber, so Panofsky, musste die Anlehnung an die Darstellungsformen des Theaters (und auch des Zaubertheaters) gerade meiden, um eigene Ausdrucksweisen entwickeln zu können. Deren Anleihen seien eher in der Kultur der Comics oder der *Pulp Fiction* zu finden (ebd. 21). Zeichentrickfilme zeigten gar das „chemisch reinste Destillat der filmischen Möglichkeiten" an, da sie leblosen Dingen durch Bewegung Leben verliehen. Am Schönsten wurde dies, so Panfosky, seinerzeit an Walt Disneys Pflanzen, Eisenbahnzügen oder Wolken sichtbar, und eben weniger bei dessen karikaturesken „Glamourprinzessinen", Hillbillies oder „*amigos* aus Südamerika" (ebd. 28). Hier wäre natürlich einzuwenden, dass diese leblosen Dinge bei Disney dann stets auch wieder mit Gesichtern ausgestattet und so im Doppelsinne animiert (und meist auch anthropomorphisiert) werden. Der bei Florian Sprenger angesprochene, slapstickartige ‚Aufstand der Dinge' im Film *The Electric House* von Buster Keaton hingegen trägt dieser Forderung im Genre des Spielfilms viel eher Rechnung: Anstatt auf die Guckkasten-Bühne des Varietés zu referieren, setzt Keaton eine neue Form ‚technischer Besessenheit' in Szene, die leblosen Dingen eine Seele einhaucht und quasi-magische Verhältnisse zwischen den Körpern, Dingen und Energien innerhalb eines Hauses knüpft. Dass Nolan auf die Figur des Ingenieurs und genialischen Erfinders Nikola Tesla abstellt, anstatt sich auf die ausgetretenen Pfade üblicher Zauberei-und-Film-Geschichten zu beschränken, macht genau aus demselben Grunde Sinn: Denn auch in den meist undurchschaubaren Experimenten, Maschinen und ‚Tricks' Teslas treten Körper, Dinge und Energien auf quasi-magische Weise miteinander in Verbindung.

Wild About Harry

Eine Mediengeschichte der Zauberei um 1900 lässt sich jedoch auch von der Zauberkunst her erzählen: Erich Weiss, der sich als Hommage an sein berühmtes Vorbild *Houdini* (‚der kleine Houdin') nannte, sammelte zur selben Zeit wie Méliès ebenfalls begeistert Zauberutensilien und produzierte auch einige Stummfilme. Vor allem aber inszenierte er seine spektakuläre Entfesselungskunst als regelrechtes Medienereignis. Dies hatte zur Folge, dass er sich selbst (lebensnotwendigerweise) erst zum technischen Experten für jedwede zeitgenössischen Schließ-, Schloss- und Beschlägesysteme mausern musste, um aufbauend auf diesem Wissen zu

2 Jüngst belebte Martin Scorsese mit *Hugo Cabret* (USA 2011) diese ‚persönliche' Verbindung von Magie und frühem Kino – mit avancierter 3D-Animationstechnik für die Produktion und einer guten Prise Nostalgie für die Méliès-Story.

einem der bekanntesten Stars seiner Zeit zu werden.[3] Houdini war nicht nur ein gewiefter Tricktechniker, sondern nachgerade sein eigener Ingenieur. Er konstruierte Dietriche und ließ sich auch einen eigens entworfenen Tauchanzug für die Flucht aus Unterwasser-Situationen patentieren (Abb. 1).

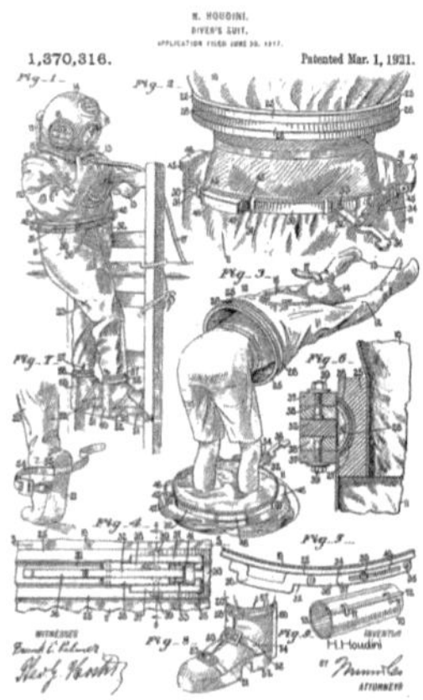

Abb. 1: Harry Houdinis Patent für einen Tauchanzug, 1917/21

Nicht nur Houdini kann – als personifizierter Operator an der Schnittstelle zwischen Öffnen und Schließen – als eine prototypische Figur der Kulturwissenschaft gelten, die über die gängigen Film-und-Zauberei-Erzählungen hinausführt und eher auf den experimentellen und ingenieurstechnischen Entwicklungscharakter von Zaubertechnik verweist. Auch spätere Großillusionisten wie David Seth Kotkin alias David Copperfield entwickelten immer neue technische Elemente, um immer ‚unglaublichere' Zaubertricks durchzuführen. So stellte dieser in Las Vegas nicht nur die aktuell weltweit größte Sammlung historischer Zaubermaschinen zusammen und studierte alte Tricks, um sie mit neuen Mitteln und größeren Maschinen bombastischer und spektakulärer zu machen. Mit seinen Shows wurde auch eine weitere mediale Ebene in die Übertragungsanordnung eingeführt. Copperfields Prominenz wird vor allem durch sogenannte Großillusionen wie etwa den ‚Gang durch die Chinesische Mauer' begründet, die live im Fernsehen übertragen wurden. Und statt eines Kaninchens oder eines Elefanten (wie seinerzeit Houdini) ließ er 1983 gleich die New Yorker Freiheitsstatue verschwinden.

3 Vgl. z.B. die filmische Hommage *Houdini* (US 1953, R: George Marshall). Vgl. Auch diverse Fan-Blogs wie Wild About Harry, http://www.wildabouthoudini.com/p/houdini-biography.html (abgerufen am 20. Juli 2015).

Auch bei diesen Illusionstricks werden ganz traditionell Zeugen bemüht, um sich zunächst von der Normalität der Situation zu überzeugen und sie stellvertretend für die Fernsehzuschauer zu beglaubigen. Zusätzlich wird oftmals auch ein Blick hinter die Kulissen angeboten, und gar die Kamera-Anordnung und der zaubertechnische Versuchsaufbau erläutert. Doch all dies geht einher mit einem unhintergehbaren Wissen um die Mittelbarkeit, um die Medialität der Sichtanordnung. Und damit verschattet der ‚illusionäre' Charakter, der Film- und Fernsehbilder je schon konnotiert, den magischen Moment der Zaubertricks. Die geradezu ‚haptische' Illusion der Live-Zaubershow, schreibt der Publizist und Zauberer Olaf Benzinger, sei eben viel handgreiflicher und überzeugender als eine massenmedial vermittelte Anordnung (vgl. Benzinger 2003). Die Möglichkeiten des Übertragungsvorgangs sind je schon der Verzerrung der Realität verdächtig. Massenmediale Übertragungsprozesse blockieren mithin zauberhafte Medienprozesse, indem ihre Medialität jenes ‚unmittelbare Dazwischen' eines mit eigenen Augen (nicht) Gesehenen löscht. Und ohne dessen Wirken entstehen keine magischen Momente.

Im Gegensatz dazu sei es die Faszination einer scheinbaren Unmittelbarkeit, so Benzinger, die dafür sorge, dass die Zauberei auch in Zeiten neuerer digitaler Weltentwürfe boome. Die Sehnsucht nach einem kindlichen Staunen, nach der Freude an einem ‚Wunder', werde umso größer, je stärker eine sich rapide entwickelnde Special-Effects- und Grafiktechnologie die Zuschauer in virtuelle Welten zu versetzen vermöge und die Unterscheidung von Realität und Fiktion einzuebnen imstande sei (vgl. ebd).

In diesem Kontext liefert ein Computeranimations-Kurzfilm aus dem Hause *Pixar* jedoch eine weiterreichende Rückkopplung von Medien und Zauberkunst. Das Filmchen konterkariert eindrücklich Benzingers Polarisierung, indem es den Bereich des zaubertechnischen räumlichen Dazwischen in großartiger Weise zu thematisieren versteht. Der Kurztrickfilm *Presto!* (Doug Sweetland, USA 2008) ist dabei keineswegs im Kontrast zur scheinbaren Unmittelbarkeit der Live-Zauberei zu verstehen. Vielmehr feiert er diese ‚Unmittelbarkeit' klassischer Bühnenzauberei, indem er gerade mit den Mitteln des Trickfilms die unglaublichsten Dynamiken im zaubertechnischen Dazwischen ins Bild setzt und verschiedene Möglichkeiten durchspielt, wie in diesem Dazwischen etwas dazwischen kommt. Und dies geschieht ironischerweise in einem Animationsfilm, in dem ja per se immer schon jeder Trick gelingen kann.

In *Presto!* ist es das Dazwischen zweier Hüte und ein hungriges Kaninchen, das den Zauberer so lange sabotiert, bis ihm schlussendlich die wohlverdiente Karotte serviert wird. In diesem Beispiel wird Computer Graphic Imagery (CGI) als *Potenzierung* der Möglichkeiten des zaubertechnischen Dazwischen, der Wendung und des Prestigios vorgeführt. Das laut Panofsky prototypisch Filmische, der Trickfilm, stellt hier selbst seine Verbindung zur Zauberei her. Da Szenen und Effekte jenseits aller Naturgesetze programmiert und animiert werden können, wird dem Dazwischen ein unbegrenzter Spielraum abgewonnen. Indem unter den Möglichkeitsbedingungen von Trickfilm und CGI nicht nur im Sinne eines Medieneffekts, sondern im Sinne einer Hommage an die *Gesamtsituation Zaubervorführung* gespielt wird, wird das Dazwischen der Zauberkunst zugleich als medienmateriell nicht zu fassender virtueller Raum geadelt: Fingerfertigkeit, verdeckte maschinelle Fertigkeiten und Rechenfertigkeiten arbeiten alle an demselben Projekt: an Bild- und Wahrnehmungsillusionen, an der Lust am Unmöglichen; an Szenen und Bildern, die umso eindrücklicher sind, je unklarer und unzugänglicher ihr Entstehungsprozess ist.

Tricktechniken: What Magicians Do When Mechanical Tricks Go Wrong

In Walter Benjamins bekannter Erzählung kolportiert der „unvergleichliche, unvergessene Jongleur" Rastelli eine Geschichte aus Tausendundeiner Nacht. In deren Mittelpunkt steht eine Version des Kempelen'schen Schachtürken – ausgeführt jedoch als Übung aus dem Bereich Rhythmische Sportgymnastik. Ein alter Grande der Jongleurskunst führt hier einem gestrengen Sultan seinen weltberühmten Trick vor. Mithilfe virtuosen Flötenspiels steuert er die Bewegungen seines „Gesellen", eines großen Balls, der sich wie lebendig, dabei stets anmutig und im Einklang mit den Melodien des Meister leichthin, rhythmisch hüpfend, zeitweilig gar scheinbar schwerelos im Raum bewegt. Um das Geheimnis seines Tricks wissen weder Sultan noch Publikum, nur Benjamins Leser: Im Inneren des Balls steckt ein Kompagnon, „ein Zwergenknabe ..., ein so ausnehmend zartes, ein so zierliches und geschwindes Geschöpfchen", (Benjamin 2007 [1935], 293) das in jahrelanger Übung gelernt hatte, mittels im Ball installierter Sprungfedern jene lebensechten Bewegungen zum Spiel des Zauberers zu vollführen. Das Geheimnis des Tricks liegt in der Geheimhaltung der Existenz dieses Helferleins. Flöge sie auf, könnte es den Zauberer den Kopf kosten. Bei der Vorführung im Sultanspalast geht es also ums Ganze, und dieses gelingt schließlich mit Bravour. Mit Dukaten reich belohnt gelangt der Zauberer an den entlegenen Ausgang, an dem er seinen Zauberpartner still und heimlich zur Abreise treffen will. Doch nur ein verzweifelter Bote erwartet ihn, mit einem Brief vom Zwerg, eilig notiert am Morgen vor der Zaubershow: „‚Heute könnt Ihr Euch nicht vor dem Sultan zeigen. Ich bin krank und kann das Bett nicht verlassen.'..."(Benjamin 2007 [1935], 294).

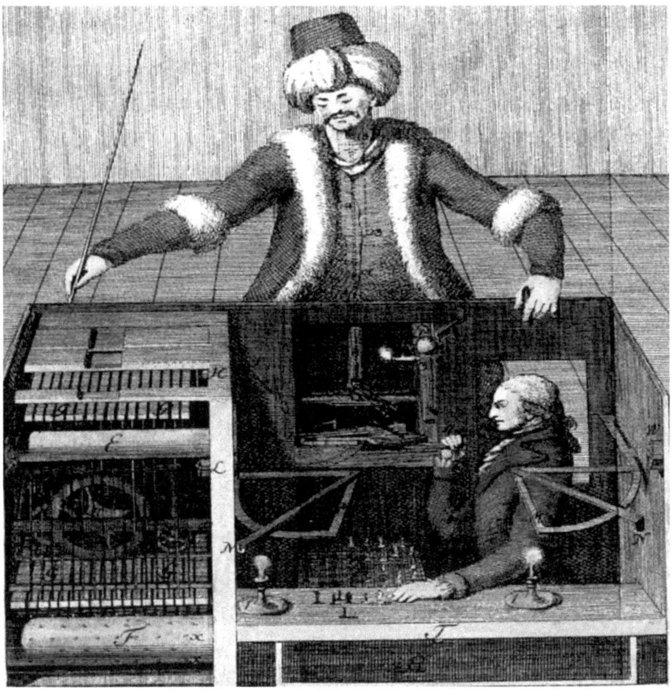

Abb. 2: Kempelens Schachtürke

Benjamin seziert hier eindrücklich das Spiel um Geheimnis und Aufdeckung, um Kontrolle und Überraschung sowie um Vorführung und Vorgeführtwerden, das jeden Zaubertrick umgibt. Die Erzählung verweist jedoch zudem auf das Verhältnis von Technik und ihrer Beherrschung. Schon die „getürkte Technik" (vgl. Felderer und Strouhal 2007, 167) des Schachautomaten Wolfgang von Kempelens konnte einerseits als funktionale Mechanik von einem im Schachtisch verborgenen, kleinwüchsigen Großmeister bedient werden. Sie war jedoch vor- und nach den Vorführungen auch als (scheinbare) mechanische Komplikation inspizierbar (Abb. 2). Dies gerade sollte beweisen, dass es sich tatsächlich nur um eine Maschine handelte. In der Kolportage des Jongleurs Rastelli stellt sich dieselbe Frage nach dem Eigenleben der Technik und nach den Grenzen des Herrschaftsbereichs der Vernunft – man mag hier an Kafkas Erzählung *Beschreibung eines Kampfes* denken, in der sich der Protagonist Blumfeld beim Aufwachen mit zwei unerklärlichen, in seinem Zimmer herumhüpfenden Gummibällen konfrontiert sieht (vgl. Kafka 2008). Warum funktioniert der Trick, obwohl dessen zentrales Element fehlt? Beherrscht der Zauberer die Technik, oder die Technik den Zauberkünstler? War der Zwerg im Innern des Balls überhaupt je der springende Punkt?

Die Geschichte macht das irreduzible zeit-räumliche Dazwischen explizit, welches erst eine Rede von Tricks und von Zauberei ermöglicht. Denn in der Zauberei, so schreiben Brigitte Felderer und Ernst Strouhal, bleibe jede sinnliche Erfahrung rätselhaft und jede rationale Erklärung mehrdeutig (vgl. Felderer und Strouhal 2007, 15). Doch wenn etwas dazwischenkommt im Dazwischen, wenn Störungen und Lücken in den Prozessen der Zaubertricks und ihrer Tricktechniken entstehen, dann kann der Blick frei werden auf Fragen nach den Funktionalitäten und Dysfunktionalitäten ihrer medientechnischen Anordnungen (siehe hierzu auch das Beispiel des überspielten Nicht-Funktionierens von Heinz von Foersters NumaRete im Text von Jan Müggenburg). Bei Rastelli funktioniert der Trick paradoxerweise, denn eigentlich dürfte er nicht gelingen.

Doch manch ein Kunststück mag sich auch als der sprichwörtliche faule Zauber entpuppen. Ein solches ‚Faulen des Zaubers' kann nichts desto trotz Aufschluss geben über jene genialen und oft genial einfachen Tricktechniken, die jeweils im Spiel sind. Störungen und Unterbrechungen der Funktionen ermöglichen somit – im Sinne Michel Serres – allererst einen Zugriff auf diese Funktionen und ihr Funktionieren: „Wenn die Beziehung glückt, perfekt, optimal, unmittelbar, dann hebt sie sich als Beziehung auf. Wenn sie da ist, existiert, so weil sie misslungen ist. Sie ist nur Vermittlung" (Serres 1981, 120). Was jedoch geschehen kann, wenn Tricks misslingen, zeigt schlaglichtartig ein launiger Artikel aus der Zeitschrift *Modern Mechanics and Inventions* von 1932: „What Magicians Do When Mechanical Tricks Go Wrong" – so auch der Titel – ist im *besten* Fall, durch schnelles Umdenken einen bereits begonnenen Ablauf zu einem anderen Ende zu bringen, eine andere Wendung zu ermöglichen. Im *schlechtesten* Fall endet der Trick tödlich. Im *wahrscheinlichsten* Fall läuft alles jedoch auf eine große Peinlichkeit hinaus. Für Robert-Houdin zeigte sich daher die wahre Größe eines Zauberkünstlers „never by the execution of any trick, but wholly by his ability to get out of a trick that fails, and covering it up" (Keating und Bailey 1932, 100) (Heinz von Foerster müsste nach dieser Maßgabe als ausgezeichneter Zauberer gelten, wie seine Schummelei mit der funktionsuntüchtigen NumaRete beweist. Siehe dazu die entsprechende Stelle bei Jan Müggenburg). Ein klassischer Fall für den schlechtesten Fall ist ein Trick, der zur Hochzeit der Varieté-Zauberkunst um 1900 große Popularität genießt: Das Fangen einer Pistolenkugel. Durch mechanische Fehler der verwendeten Waffe oder durch Zeugen aus dem Publikum, die das Schießeisen bei der Inspektion heimlich manipulieren, indem sie es z.B. mit Kleingeld füllten, kommen seinerzeit immer wieder Zauberkünstler zu Tode. Am bekanntesten ist wohl der Fall von William Ellsworth Robinson, auch bekannt als *Chung Ling Suu, the Marvelous Chinese Conjurer*, der 1918 in London bei diesem Trick stirbt, und dessen Doppelidentität als US-Amerikaner in chinesischer Maskerade sich erst mit seinem Tode aufklärt (Steinmeyer 2005).

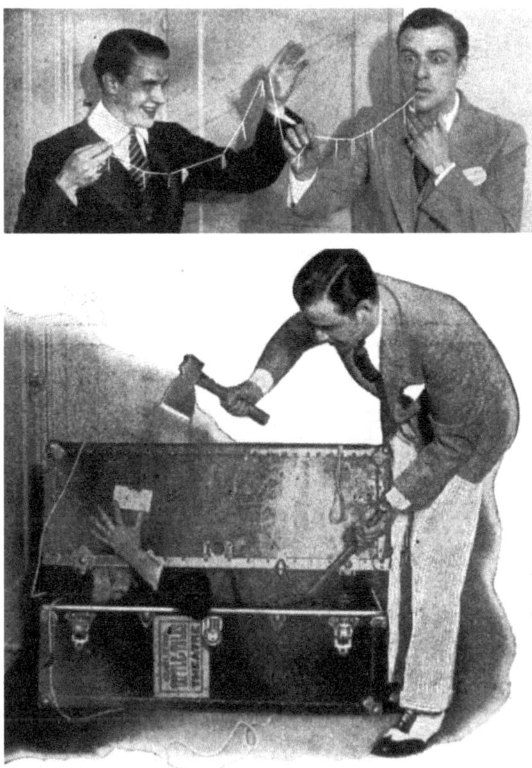

Abb. 3a und 3b: Was machen Zauberer, wenn ein Trick schief geht?

Selbst Harry Houdini gerät während seiner Karriere des Öfteren in brenzlige Situationen. In seinem Fall werden diese ebenfalls meist ausgelöst durch mechanische Fehlfunktionen oder Manipulationen – etwa durch

Schlösser, die mit Sand gefüllt wurden und sich nicht mehr öffnen ließen. Teilweise kann er sich von derartigen Fesselungen in stundenlangen Befreiungsversuchen nur durch Selbstverletzungen freimachen, die nach der Show eilig in Krankenhäusern behandelt werden (Keating und Bailey 1932, 102–103). *Modern Mechanics* nennt weitere Beispiele. Da bleibt bei einer Aufführung eine Nadel im Rachen des Magiers stecken, so dass dieser in der Panik, er könne sie verschluckt haben, eine wenig souveräne Figur macht (Abb. 3a). Da muss eine Entfesselungsaktion wegen eines verlegten Schlüssels mit Beil und Brecheisen beendet werden, bevor sie im Erstickungstod endet (Abb. 3b). Und da werden unaufmerksame Assistenten gefeuert, wenn nach dem Verschwinden eines Huhns beim Wiedererscheinen plötzlich ein krähender Hahn unter dem Zauberhut zum Vorschein kommt (ebd. 101–102).

So banal diese Beispiele sein mögen, so klar machen sie doch, dass externe Störungen und ungeplante Stockungen Einblicke in das *System* der jeweiligen Tricktechnik bieten – in den Zusammenhang von technischen Artefakten, Wahrnehmungsillusionen und Performanz der Zauberkünstler. Die Wahrnehmung des Publikums, stets schon von Hypothesen geleitet, gleicht einer wissenschaftlichen Strategie, einem Willen zum Wissen und einem Begehren nach Rationalität, dessen fehlende Auflösung den Reiz der Zauberkunst ausmacht. Der Einblick in diese Tricktechniken lässt diesen Reiz verblassen. In jenem Moment, in dem das Rationalitätsversprechen nicht mehr *unglaublich* oder *zumindest lediglich glaubhaft* bleibt, sondern *wissentlich* nachvollziehbar wird, ist der Zauber verflogen. Genauso wie der Blick auf die Zauberkunst je die Funktionsweisen ihrer Tricktechniken verheimlichen muss, bedeutet ein Blick auf die Medien der Zauberkunst immer schon ein Faulen des Zaubers. Damit schließen sich Zauberei und Mediengeschichte mithin in gewisser Weise aus – der Blick auf die Zauberkunst muss deren Medien vergessen, der Blick auf das Mediale gelingt nur in der Elimination von dessen zauberhaftem Funktionieren. Im selben Zug kehrt letztere Perspektive aber gerade die Wissenschaftlichkeit der Zauberei hervor. Dies wäre die *systematische* Perspektive, die der Begriff der *Tricktechniken* eröffnet. Medientechniken intermittieren demnach erstens in einem paradoxalen Bereich, in dem sich das Unerklärbare, das scheinbar Irrationale, das Unglaubliche, das Nicht-Wissens als durchweg rationaler Zusammenhang darstellt. Denn die Zauberkünstler müssen die Gesetze der Physik, der Optik und Mechanik bestens kennen. Die Tricktechniken jedoch müssen in einer Art und Weise um diese Gesetze herum konstruiert werden, dass unglaubliche Phänomene und magische Momente erst als solche erscheinen können.

Techniktricks: The New Wizard of the West

In gewissem Sinne komplementär dazu lassen sich die Strategien und Strategeme experimentalwissenschaftlicher Forschungen konzipieren. Denn in Experimenten und Experimentalsystemen soll von interessanten und exemplarischen Phänomenen auf basale (naturwissenschaftliche) Prinzipien und Gesetze rückgeschlossen werden – natürlich unter der Maßgabe, dass die jeweiligen Experimente selbst eingebettet und stabilisiert sind in einen Zusammenhang von Theorien und Daten vorangegangener Experimentreihen (vgl. Rheinberger 2006a; Rheinberger 2006b). Am sinnfälligsten mag diese Bewegungsrichtung in populären Wissenschaftsshows zutage treten. Eine ganze Generation bundesdeutscher Teenager wuchs etwa mit der von 1986 bis 1999 an Sonntagabenden im ZDF ausgestrahlten *Knoff-Hoff-Show* auf (Abb. 4). In dieser Sendung führte der promovierte Theoretische Physiker Joachim Bublath mit seinen Ko-Moderatorinnen im Minutentakt effektvolle und erstaunliche Praxis-Experimente durch. Bublath reichte in seinem unverwechselbaren Sprachduktus stets penibel die theoretischen Hintergründe seiner Vorführungen nach. Seine Show durchwehte ein durchwegs aufklärerischer Geist, denn es wurde von vorneherein mit offenen Karten gespielt und jeder Versuch wurde im Nachhinein noch einmal in Superzeitlupe abgespielt. Diese Techniktricks zeigen mithin genau die Kehrseite des Arkanums der Tricktechnik der Zauberei auf. Und dennoch lassen sie die Zuschauer, wenn schon nicht mehr verzaubert, so doch verblüfft zurück ob der erstaunlichen Effekte, die physikalischen Phänomen innewohnen.

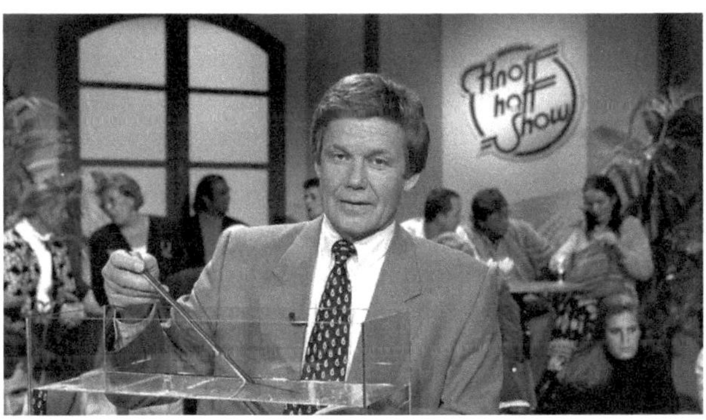

Abb. 4: Joachim Bublath in der *ZDF Knoff-Hoff-Show*

Ähnlich – nur ohne Zeltlupe und Fernsehübertragung – kann man sich den Charakter jener physikalischen Vorführungen vorstellen, die Nikola Tesla um die Wende zum 20. Jahrhundert inszenierte. Teslas Vorführungen verkörpern geradezu prototypisch das Spannungsfeld von Nichtwissen und Wissen, welches das Verhältnis von Zauberkunst und Medientechniken durchzieht. Im Gegensatz zum *Wizard of Menlo Park,* Thomas Edison (vgl. Stross 2008; Seifer 1999; Martin 1894), war die Karriere dieses zweiten Elektro-,Zauberers' ein ständiger Drahtseilakt, getrieben von zunehmend ungewöhnlichen Konstruktionen und Theorien (Krause 2010, 314–345). Während in Teslas zweiter Lebenshälfte deren konkrete Umsetzung invers zur rapide steigenden Esoterik seiner Weltanschauung abnahm, spielten seine frühen Erfindungen und Patente eine entscheidende Rolle im sogenannten *War of Currents* zwischen Gleich- und Wechselstromtechnik. Bahnbrechende Patente, etwa für sein Polyphase-System, wurden von der Firma *Westinghouse Electric* aufgekauft und die Motoren schnell in Großserie produziert. Sie wiesen die Wechselstromtechnik z.B. im Hinblick auf den Wirkungsgrad bald als der von Edison unterstützten Gleichstromtechnik überlegen aus (vgl. Jones 2003).

Für die Zwecke flächendeckender Elektrifizierung hatte die Wechselstromtechnik zudem den Vorteil, dass Energie über weite Strecken ohne die – auch ökonomisch unrentablen – Übertragungsverluste der Gleichstromtechnik und vor allem durch dünnere, günstigere Kabel transportiert werden konnte. Im Zuge des Konkurrenzkampfs zwischen Westinghouse und Edison kam jedoch ein weiterer Faktor hinzu: Auf beiden Seiten wurden publikumswirksame Kampagnen durchgeführt. Während Edisons Firma die Gefährlichkeit der Hochspannungsströme der Wechselstromtechnik herausstellte,[4] führte Tesla im Namen von *Westinghouse Electric* in öffentlichen Experimenten die Möglichkeiten eines kontrollierten Einsatzes dieser Technik vor. Der *War of Currents* war also auch ein Publicity-Krieg, in dem zuvor ungesehenes ,Knoff-Hoff' der modernen Ingenieurskunst live vor einem Publikum präsentiert wurde, das sich gemeinhin aus Wissenschaftlern, Investoren und Technik-Conaisseuren zusammensetzte.

Die Filmstory von *The Prestige* nimmt in stark übersteigerter Form auf diese Historie Bezug. Der von David Bowie – welcher bekanntermaßen selbst ein großer Tesla-Fan war – gespielte Tesla wird nicht nur als Erfinder einer echten Teleportationsmaschine inszeniert, der den unmöglichen

4 U.a. durch die berühmten ,Electrocution'-Vorführungen durch Arthur Kennely und Harold P. Brown in West Orange, New Jersey, aus dem Jahr 1887, in denen diese im Sinne Edisons die Gefährlichkeit von Wechselstrom belegen sollten, indem eine Reihe von Tieren mithilfe einer von einem Westinghouse-Generator unter Strom gesetzten Stahlplatte getötet wurden, oder durch die folgende Entwicklung des Elektrischen Stuhls durch Kennely und Brown (vgl. Moran 2002; Brandon 1999; Essig 2003).

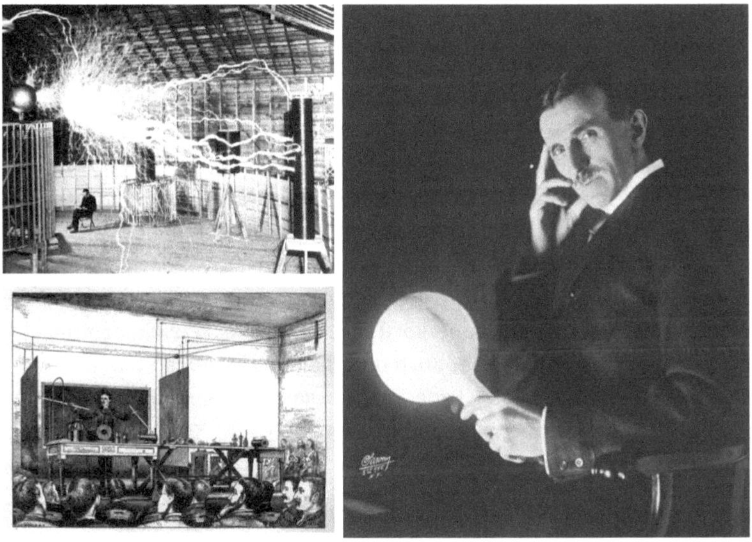

Abb. 5a–c: Nikola Tesla im Labor, mit kabelloser Glühbirne und während der Columbia Lecture 1891.

Transported Man-Trick realisiert.[5] Auch sabotieren dort Mitarbeiter von Edison Teslas Labor in Colorado, das im Film umgeben von einer Traumlandschaft aus kabellos leuchtenden Glühbirnen in den Bergen liegt und in dem der Erfinder unter viel maschinell erzeugtem Geblitze seine Versuche zu drahtloser Energieübertragung durchführt.

Die Realität stellte sich tatsächlich nur wenig undramatischer dar. Zwar sind die populären Aufnahmen aus Colorado, die Tesla unter den Entladungen seines Generators zeigen und an die sich der Film anlehnt, Doppelbelichtungen (Abb. 5a) (siehe zu diesem Thema den Text von Katja Müller-Helle). Die elektrischen Ströme seines Generators hätten jede im Raum befindliche Person getötet. Doch die wie von Zauberhand leuchtende Glühbirne gehörte zum Standardrepertoire einer Tesla-Show (Abb. 5b). In den späten 1880er Jahren entwickelte sich der Ingenieur nämlich zu

5 Diese Film-Maschine funktioniert jedoch nicht korrekt und dupliziert die durch sie bearbeiteten Objekte an anderem, nahegelegenen Orte, was wiederum zu inszenatorischen Verwicklungen führt, mit denen Danton die Duplikation dennoch als Teleportation erscheinen lässt: Nämlich durch die Tötung des ‚Originals' unter dem Bühnenboden und damit außer Sichtweite des Publikums, ironischerweise in einer Chinese Water Torture Cell, einem (allerdings erst 1913) zum ersten Mal vorgeführten Trick Houdinis. Daraufhin kann der jeweils reduplizierte Danton von jenem anderen Orte her auftreten – als sei er tatsächlich teleportiert worden.

einem veritablen Entertainer. Seine Privatvorführungen mauserten sich zu wissenschaftlichen und gesellschaftlichen Events (Abb. 5c).

Auf dem Podium trug Tesla stets Frack, und die dicken, isolierenden Korksohlen für seine Experimente mit lebensgefährlichen Stromstärken verliehen ihm eine Körpergröße von über zwei Metern. Seiner hohen Fistelstimme und dem magischen Lichterspiel seiner Vorführungen folgte das Publikum „wie in Trance" (Cheney 1981, 73). Teslas berühmte *Columbia Lecture* zum Thema „Anwendung von Hochfrequenzströmen für die künstliche Beleuchtung" vom 20. Mai 1891 geriet somit zu einer „Mischung aus brillanter Fachvorlesung und Zaubervortrag. Er wollte sein Publikum nicht mehr nur informieren, er wollte es auch unterhalten. Der mit erstaunlichen Vorführungen und nie gezeigten Experimenten gespickte Vortrag löste wahre Begeisterungsstürme unter den Anwesenden aus" (Krause 2010, 133; vgl. Tesla 1891). Ein Besucher von Teslas Laborräumen berichtet:

> Von einer Führung in Nikola Teslas Labor nicht überwältigt zu sein, erfordert einen ungewöhnlich standhaften Geist. ... Stellen Sie sich vor, Sie befinden sich in einem riesigen, hell erleuchteten Raum mit Unmengen wundersam aussehender Geräte überall. Ein großer, hagerer junger Mann geht auf Sie zu, und das bloße Schnippen mit seinen Fingern erzeugt augenblicklich einen plötzlich auflodernden roten Flammenball, den er ruhig in seiner Hand hält. Während Sie darauf starren, sind Sie überrascht, dass er sich die Finger nicht verbrennt. Er lässt ihn auf seine Kleider, auf sein Haar, in Ihren Schoß fallen und packt den Feuerball schließlich in eine Holzschachtel. Sie sind erstaunt zu sehen, daß die Flamme nirgendwo die leichteste Spur hinterlässt, und Sie reiben sich die Augen, um sich zu versichern, dass Sie nicht träumen. (McGovern 1899 zitiert nach Cheney 1981, 19)

War Tesla mit ‚Zaubertricks' wie kabellos leuchtenden Lampen experimentell bis dahin unverstandenen Prinzipien und noch nicht formulierten Gesetzen der Elektrophysik auf der Spur, ging es in den Show-Vorträgen aber auch um angewandte Wissenschaft: nämlich um die Nutzung physikalischer Phänomene für den Bau funktionierender Maschinen. Schon seinen ersten Polyphase-Wechselstrom-Motor hatte Tesla 1888 im Rahmen einer Vortrags-Vorführung in New York dem *American Institute of Electrical Engineering* (AIEE) gezeigt und mit diesem leistungsfähigen E-Motor-Prinzip den *War of Currents* für die Firma Westinghouse entschieden. Und die Lampen aus seiner *Columbia Lecture* 1891, die er – auf einer isolierenden Bodenplatte stehend und angeschlossen an ein elektromagnetisches Feld – mit eigenen Händen zum Leuchten brachte, sollten später als Leuchtstoffröhren zwar mit Kabeln, aber dafür umso nachhaltiger die Büro- und Fabrikwelten der Moderne zu erleuchten beginnen. Im Zuge dieser ‚Lecture' thematisiert Tesla die ihn in seiner Arbeit leitende Epistemologie:

> ... [A] theory which better explains the facts is not necessarily true. Ingenious minds will invent theories to suit observation, and almost every independent thinker has his own views on the subject. It is not with the object of advancing an opinion; but with the desire of acquainting you better with some of the results, which I will describe, to show you the reasoning I have followed, the departures I have made – that I venture to express, in a few words, the views and convictions which have led me to these results. (Tesla 1891)

Sicherlich darf man entgegen seiner Worte gern glauben, dass es Tesla doch – und in erster Linie – um das Erlangen einer Meinungsführerschaft ging. Dennoch drückt sich hier eine Denkart aus, in der die experimentelle Umsetzung nicht simpler Beweis einer theoretisch entwickelten Idee bleibt, sondern eine treibende Kraft im Forschungsprozess ist: Seine Vorführungen mit ihren zahlreichen Kleinexperimenten sollten dazu dienen, ein Weiterdenken und die Entwicklung von Ideen zu induzieren. So erklärt Tesla auf einem weiteren Vortrag 1892 vor der *Institution of Electrical Engineers* (IEE) in London:

> We may take – at random, if you choose – any of the many experiments which *may* be performed with alternating currents; a few of which only, and by no means the most striking, form the subject of this evening's demonstration; they are all equally interesting, equally inciting to thought. (Tesla 1892)

Tesla möchte mit seinen spektakulären Shows mithin nicht nur sein Publikum für AC statt DC verzaubern, sondern es zum Denken bringen. Er setzt an, einen Willen zum Wissen hervorzurufen, wie er auch in jener Spannung hervortritt, wenn die Zuschauer einer Zaubervorführung im Stillen Theorien darüber anstellen, wie denn ein bestimmter Trick realisiert werden konnte. In beiden Fällen gibt es eine (zunächst) verborgene physikalische Erklärung. Auch Tesla kreiert jene „willing suspension of disbelief", eines freiwilligen oder subtil hervorgerufenen Einverständnis auf Seiten der Zuschauer, sich auf die Trick-Situation einzulassen (vgl. Felderer und Strouhal 2007, 21). Dabei geht es Schlag auf Schlag, wie die Abfolge von fünf Experimenten zu Beginn der London-Lecture erkennen lässt:

> Here is a simple glass tube from which the air has been partially exhausted. I take hold of it; I bring my body in contact with a wire conveying alternating currents of high potential, and the tube in my hand is brilliantly lighted. In whatever position I may put it, wherever I may move it in space, as far as I can reach, its soft, pleasing light persists with undiminished brightness.
>
> Here is an exhausted bulb suspended from a single wire. Standing on an insulted support, I grasp it, and a platinum button mounted in it is brought to vivid incandescence.
>
> Here, attached to a leading wire, is another bulb, which, as I touch its metallic socket, is filled with magnificent colors of phosphorescent light.
>
> Here still another, which by my fingers' touch casts a shadow — the Crookes shadow, of the stem inside of it.
>
> Here, again, insulated as I stand on this platform, I bring my body in contact with one of the terminals of the secondary of this induction coil — with the end of a wire many miles long — and you see streams of light break forth from its distant end, which is set in violent vibration. (Tesla 1892)

Man darf getrost annehmen, dass Joachim Bublath ein ähnliches Tempo im gemächlichen ZDF-Vorabendprogramm schwerlich hätte durchziehen können. Teslas lyrische Sprache, welche die fehlende physikalische Fachterminologie der Zeit für die von ihm erzeugten Phänomene ersetzte, mochte dabei zwar unwissenschaftlich wirken und seine Vorführungen als solche kritisiert werden (Anonymus 1891). Doch seine theoretischen Behauptungen basierten stets auf vielfach erprobten und wiederholten experimentellen Anordnungen. Und die späteren Erfolge der maschinellen Nutzung der von ihm vorgeführten elektromagnetischen Prinzipien durch eigene technische Patente gaben ihm dabei ebenso Recht wie die Akzeptanz der technischen Details durch die versammelte Expertise der AIEE im Nachgang seiner Wissenschaftsshows.

Schluss

Die bei Tesla eingesetzten Techniktricks sind geradezu die Umkehrfunktion der zuvor thematisierten Tricktechniken. Müssen Tricktechniken unbedingt unsichtbar werden, um die ureigene Rationalität und Wissenschaftlichkeit moderner Zauberkunst in den Augen der Betrachter zu verbergen, so geht es im Bereich der Techniktricks à la Tesla um absolute Sichtbarkeit, um Evidenz durch technische Action. Im ersten Fall *muss* der Blick auf die Zauberkunst deren technische Medien *vergessen*, da dieser Blick das zauberhafte Funktionieren eliminieren würde und den Zauber faulen ließe. Das medientechnisch durchwirkte Dazwischen der Akte eines Zaubertricks muss verborgen sein. Im zweiten Fall jedoch *bedarf* es *unbedingt* einer medientechnischen Apparatur, um die zunächst einmal unbegreiflichen, weil unsichtbaren Phänomene der Elektrophysik in Szene zu setzen. Erst dadurch kann das Dazwischen der Elektrizität, ihr eben nicht unmittelbarer Charakter, plastisch werden – in den Händen, Lampen und Spulen eines Electrical Wizards.

Tesla verkörpert mithin höchst augenfällig jene Analogie bezüglich der Rolle und Funktion, die ‚Magier' in Zauberkunst und Elektrophysik um 1900 einnehmen: Beide interagieren mit der Anordnung von Tricktechniken und Techniktricks, die sich in einem medial und medientechnisch bestimmten Raum zwischen gesichertem Wissen, noch nicht vollständig verstandenen Phänomenen und ihren Effekten, und komplettem Nicht-Wissen abspielen. Es ist die jeweils gültige Anordnung, die über die Vorführung eines unerkannten oder verschwiegenen Dazwischens per ‚Aha-Effekt' eine exklusive (Er-)Kenntnis auf Seiten des ‚Magiers' beweist, die im (Fach-) Publikum einen faszinierten und spekulativen Willen zum Wissen auslöst. Sowohl der Zauberkünstler als auch der Electrical Wizard treten ein in ein Spiel von Verbergung und Entbergung, das ohne vollständige theoretische Enthüllung auskommt. Denn was zunächst zählt, sind die Effekte. Worauf es ankommt, ist ein medientechnisch informierter Pragmatismus und dessen performativer Charakter. Und damit ist es hier wie dort die treffende Punchline, das funktionierende Prestigio, das sowohl das Physikalische der Zauberei wie auch die Zaubereien dieses Physikers um 1900 ausmacht und sichert.

Literatur

Anonymus. 1891. „Wireless electrical light." *New York Times*, 9. Juli 1891.

Benjamin, Walter. 2007. „Rastelli erzählt." In *Erzählen: Schriften zur Theorie der Narration und zur literarischen Prosa*, Walter Benjamin, ausgewählt von Alexander Honold, 292–294. Frankfurt/M.: Suhrkamp.

Benzinger, Olaf. 2003. *Das Buch der Zauberer*. München: dtv.

Brandon, Craig. 1999. *The Electric Chair: An Unnatural American History*. Jefferson: McFarland.

Cheney, Margaret. 1981. *Tesla: Man out of Time*. New York: Touchstone.

Essig, Mark. 2003. *Edinson and the Electric Chair*. New York: Walker.

Felderer, Brigitte und Ernst Strouhal, Hg. 2007. *Rare Künste: Zur Kultur- und Mediengeschichte der Zauberkunst*. Wien, New York: Springer.

Gunning, Tom. 1986. „The Cinema of Attraction: Early Films, Its Spectator and the Avant-Garde." *Wide Angle* 8 (3/4): 63–70.

Jones, Jill. 2003. *Empires of Light: Edison, Tesla, Westinghouse and the Race to Electrify the World.* New York: Random House.

Kafka, Franz. 2008. *Beschreibung eines Kampfes und andere Schriften aus dem Nachlass.* Frankfurt/M.: Fischer.

Keating, Fred und George Bailey. 1932. „What Magicians Do When Mechanical Tricks Go Wrong." *Modern Mechanics and Inventions*, May 1932: 100–104 und 188.

Krause, Michael. 2010. *Wie Nikola Tesla das 20. Jahrhundert erfand.* Weinheim: Wiley.

Martin, T.C. 1894. „The Inventions, Researches and Writings of Nikola Tesla." In *The Electrical Engineer.* New York: Van Nostrand.

McGovern, Chauncy M. „The New Wizard of the West." *Pearson's Magazine.* May 1, 1899.

Moran, Richard. 2002. *Moran, Executioner's Current: Thomas Edison, George Westinghouse, and the Invention of the Electric Chair.* New York: Knopf.

Rein, Katharina. 2012. „'Are you watching closely?' Magie und Medien in Christopher Nolans The Prestige." In *Re: Medium: Standortbestimmungen zwischen Medialität und Mediatisierung*, hg. von Simone Brühl und Jakob C. Heller, 145–165. Marburg: Tectum.

Rheinberger, Hans-Jörg. 2006a. *Epistemologie des Konkreten: Studien zur Geschichte der modernen Biologie.* Frankfurt/M.: Suhrkamp.

———. 2006b. *Experimentalsysteme und epistemische Dinge: Eine Geschichte der Proteinsynthese im Reagenzglas.* Frankfurt/M.: Suhrkamp.

Schwenter, Daniel. 1636. *Deliciae physico-mathematicae, oder mathematische und philosophische Erquickstunden: darinnen sechshundertdrey und sechzig schöne, liebliche und annehmliche Kunststücklein, Auffgaben und Fragen auss der Rechenkunst, Landtmessen, Perspectiv, Naturkündigung und anderen Wissenschaften genommen, begriffen seindt.* Nürnberg: Dümler.

Seifer, M.J. 1999. *The Life and Times of Nikola Tesla.* New York: Citadel Press.

Serres, Michel. 1981. *Der Parasit.* Frankfurt/M.: Suhrkamp.

Steinmeyer, Jim. 2005. *The Glorious Deception: The Double Life of William Robinson, aka Chung Ling Soo, the „Marvelous Chinese Conjurer".* New York: Da Capo.

Stross, Randall. 2008. *The Wizard of Menlo Park: How Thomas Alva Edison Invented the Modern World.* New York: Broadway Books.

Tesla, Nikola. „Experiments with Alternate Currents of Very High Frequency and their Application to Methods of Artificial Illumination." In *Paper Delivered before the American Institute of Electrical Engineers*, Columbia College, NY, May 20, 1891. Letzter Zugriff am 20. Juli 2015. http://www.tfcbooks.com/tesla/1891-05-20.htm.

———. 1892. „Experiments with Alternate Currents of High Potential and High Frequency." In *Paper Delivered before the Institution of Electrical Engineers*, London, February 1892. Letzter Zugriff am 20. Juli 2015. http://www.tfcbooks.com/tesla/1892-02-03.htm.

Wild About Harry. Letzter Zugriff am 20. Juli 2015. http://www.wildabouthoudini.com/p/houdini-biography.html.

[2]

Trick Photography: Bildtechniken der freundlichen Täuschung

Katja Müller-Helle

Total Collapse of Spiritualist

Manchmal bedeutet die Verzauberung des Einzelnen die Entzauberung des Ganzen. Dies gilt für einen Gentleman, der sich 1897 in Albert A. Hopkins' Zauberhandbuch *MAGIC: Stage Illusions and Scientific Diversions* mit der Mahlzeit seines eigenen Kopfes konfrontiert sieht (Hopkins 1911 [1897], 433). Die in der Rubrik *Trick Photography* abgedruckte Fotografie zeigt ihn in Profilansicht links im Bild mit sachte auf einem blumigen Tischtuch aufgelegten Händen in die Leere starren, während sein Kopf in Frontalansicht mit nach rechts gekämmtem Haar und Schnurrbart ein zweites Mal vor ihm auf dem Tisch platziert ist (Abb. 1).

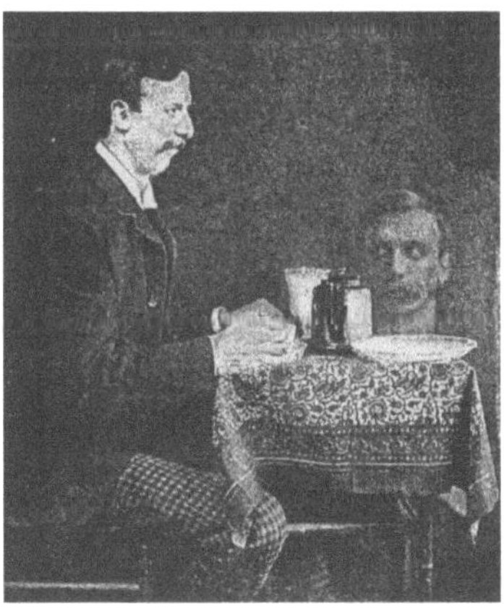

Abb. 1: Doppelgänger in Hopkins' *Magic*

Noch Mitte des 19. Jahrhunderts wäre der verblüffende Doppelgänger durch den Automatismus des naturmagischen Verfahrens der Fotografie erklärt worden. Sein Erscheinen hätte sowohl die Rationalitätsprinzipien der Aufklärung als auch die positivistischen Bestrebungen der Wissenschaften in Form bildlicher Evidenzproduktion in Unruhe versetzt. Ende des Jahrhunderts kann dieses janusköpfige Bild neben der bebilderten Erklärung von Bühnentricks stehen – die Fotografie wird hier als beherrschbare Technik der Täuschung jenseits magischer Phänomene der Natur vorgestellt. Die Beschreibungen des mysteriösen Verschwindens auf der Bühne, von Knotenformen bei Entfesselungskunststücken oder eines kulinarischen Tricks, bei dem kurz nach dem Einfüllen von Mehl, Zucker und Eiern in einen Hut ein Kuchen servierfertig entnommen werden kann, folgen der Logik einer Transparenz der Täuschungstechnik hinter der Verblüffung und der Enttarnung magischen Bühnenzaubers (Abb. 2 und 3).

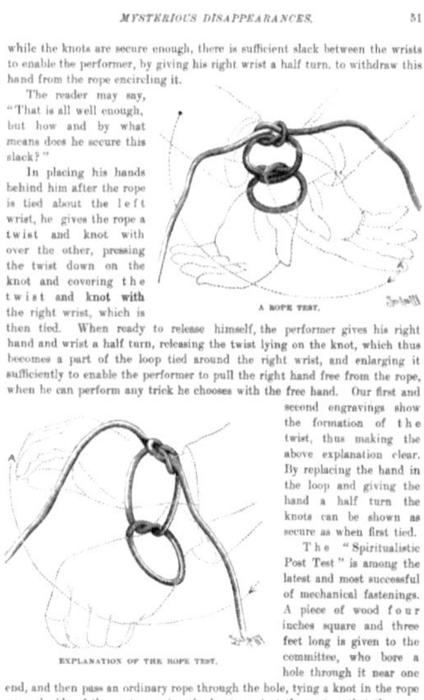

MYSTERIOUS DISAPPEARANCES. 51

while the knots are secure enough, there is sufficient slack between the wrists to enable the performer, by giving his right wrist a half turn, to withdraw this hand from the rope encircling it.

The reader may say, "That is all well enough, but how and by what means does he secure this slack?"

In placing his hands behind him after the rope is tied about the left wrist, he gives the rope a twist and knot with over the other, pressing the twist down on the knot and covering the twist and knot with the right wrist, which is then tied. When ready to release himself, the performer gives his right hand and wrist a half turn, releasing the twist lying on the knot, which thus becomes a part of the loop tied around the right wrist, and enlarging it sufficiently to enable the performer to pull the right hand free from the rope, when he can perform any trick he chooses with the free hand. Our first and second engravings show the formation of the twist, thus making the above explanation clear. By replacing the hand in the loop and giving the hand a half turn the knots can be shown as secure as when first tied.

The "Spiritualistic Post Test" is among the latest and most successful of mechanical fastenings. A piece of wood four inches square and three feet long is given to the committee, who bore a hole through it near one end, and then pass an ordinary rope through the hole, tying a knot in the rope on each side of the post, pressing the knots against the post so that the rope

A ROPE TEST.

EXPLANATION OF THE ROPE TEST.

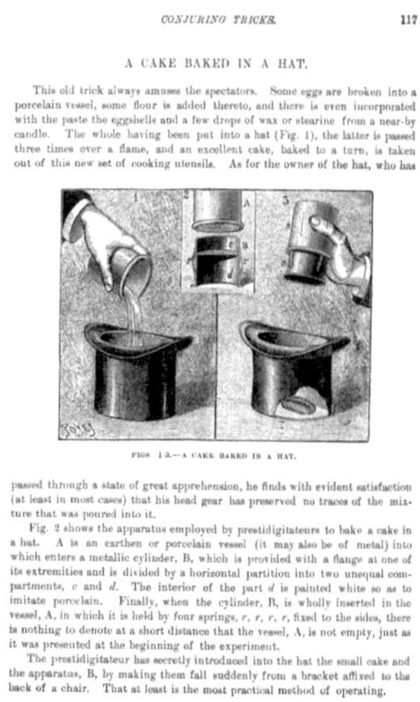

CONJURING TRICKS. 117

A CAKE BAKED IN A HAT.

This old trick always amuses the spectators. Some eggs are broken into a porcelain vessel, some flour is added thereto, and there is even incorporated with the paste the eggshells and a few drops of wax or stearine from a near-by candle. The whole having been put into a hat (Fig. 1), the latter is passed three times over a flame, and an excellent cake, baked to a turn, is taken out of this new set of cooking utensils. As for the owner of the hat, who has passed through a state of great apprehension, he finds with evident satisfaction (at least in most cases) that his head gear has preserved no traces of the mixture that was poured into it.

Fig. 2 shows the apparatus employed by prestidigitateurs to bake a cake in a hat. A is an earthen or porcelain vessel (it may also be of metal) into which enters a metallic cylinder, B, which is provided with a flange at one of its extremities and is divided by a horizontal partition into two unequal compartments, *c* and *d*. The interior of the part *d* is painted white so as to imitate porcelain. Finally, when the cylinder, B, is wholly inserted in the vessel, A, in which it is held by four springs, *r*, *r*, *r*, *r*, fixed to the sides, there is nothing to denote at a short distance that the vessel, A, is not empty, just as it was presented at the beginning of the experiment.

The prestidigitateur has secretly introduced into the hat the small cake and the apparatus, B, by making them fall suddenly from a bracket affixed to the back of a chair. That at least is the most practical method of operating.

FIGS 1-3.—A CAKE BAKED IN A HAT.

Abb. 2 und 3: Hopkins: Rope Test und Cake Baked in a Hat

In der Überfülle der Phänomene, die hier unter dem Stichwort *Magic* zusammengetragen werden, nehmen die Fotografien den Part kleiner Augentäuschungsexperimente an. Die fotografische Technik ist eine Trickkiste, die scheinbar einen unbegrenzten Möglichkeitsraum zur Illusionserzeugung in Bildern bereitstellt. Das fototechnische Doppel des Kopfes ist kein unerklärliches Phänomen, das auf der Fotoplatte wie von Geisterhand erscheint; sein *modus operandi* richtet sich gerade gegen den spiritistischen

Glauben an die um 1900 stark fluktuierenden Experimente, die den Betrachter ins Reich der Phantome führen sollten (vgl. zur spiritistischen Fotografie Krauss 1992, Chéroux 2005, Geimer 2010). Die als reines Amüsement ausgegebenen Fotografien machen durch die Erklärung der Produktionsbedingungen dingfest, was unerklärlich erscheinen könnte (Hopkins 1911 [1897], 435). Gerade die Aufdeckung der chemisch-optischen Bedingungen holt den Moment der Einschreibung aus der fotografischen Blackbox hervor und stellt sie in ein Kontinuum mit den optischen Tricks des Bühnenzaubers. Dem spätestens seit dem spiritistischen Gründungsereignis – den gespenstischen Klopfzeichen der Fox Sisters in der New Yorker Provinz 1848 – erbittert geführten Streit um Gespenster, Doubles und, allgemeiner, die Kommunikation mit dem Reich der Toten, wird im Zauberhandbuch mit laxer Ablehnung begegnet.[1] Die Bildproduktion der Doppelgänger zeige nur eins: „Total collapse of spiritualist" (Hopkins 1911 [1897], 434–435).

Die scheinbar unabwendbare Verstrickung spiritistischer Praktiken mit Überzeugungen, Selbstbetrug, Entlarvung und Zuschreibung wird hier nicht in *das* Oppositionspaar der Moderne – dem Rationalitätsprinzip und seinem Anderen, dem Irrationalen, dem Animismus, dem Spiritismus – gegossen (vgl. hierzu auch Florian Sprengers Beitrag in diesem Band).[2] Die internationale Debatte, die im mit Medien und Techniken aufgerüsteten Feld von Beweis und Gegenbeweis geführt wird, ist im Zauberhandbuch auf den Schauplatz des Bühnenzaubers, des Jahrmarkts und des Amüsements verschoben.[3] Schon in den 1850er Jahren hatte die Stereoscopic Company in London eine spiritistische Doppelbelichtung von David Brewster in der Serie ‚The Ghost in the Stereoscope' als Teil von Bühnenzauberei vertrieben (vgl. Natale 2012, 128). Dies enthebt das Medium der Fotografie dominanten Beschreibungsregistern seit Mitte des 19. Jahrhunderts, welche die Rätselhaftigkeit im Automatismus der Bildherstellung durch Naturmagie betonen.[4] Sowohl in der Frühzeit der Entstehung des neuen Mediums als auch in der Theoretisierung der Fotografie bei Autoren wie Walter Benjamin, Susan Sontag oder Roland Barthes bleibt ihre Beschreibung als magisches Medium seltsam resistent (vgl. Geimer 2009, 13). Zur

1 Optische Medien unterhalten in medienhistorischer und geschichtstheoretischer Perspektive eine enge Beziehung zu Gespenstern. Vgl. hierzu Kittler 2002, Göttel und Müller-Helle 2009 und jüngst Löffler 2015.

2 Laut Bruno Latour gehört der Ausschluss des Animismus zum negativen Fluchtpunkt eines Selbstverständnisses der Moderne. Vgl. Latour 1998 [1991]. Siehe auch Albers und Franke 2012.

3 Zum massenmedialen Aspekt dieser Debatte siehe auch Schüttpelz 2012.

4 Zur Einführung des Begriffes der Naturmagie in die Fotogeschichte vgl. Nickel 2002.

Erklärung der neuen Bilder hatte William Henry Fox Talbot ihr selbsttätiges Erscheinen hervorgehoben:

> Wenn man einer Person, die mit dem Verfahren nicht bekannt ist, sagt, daß nichts von all dem von Hand ausgeführt worden ist, muß sie glauben, daß einem der Geist aus Aladins Wunderlampe dienstbar ist. Und tatsächlich könnte man sagen, dass es etwas derartiges ist. Es ist ein kleines Stück an wahrgenommener Magie – an Naturmagie. (Brief von Talbot vom 2. Februar 1839, zitiert nach Amelunxen 1988, 33)

Dieser Beschreibungsmodus des Erscheinens von Naturmagie in der Fotografie wurde im Verlauf ihrer Theoretisierung nicht einfach zugunsten eines aufgeklärten Rationalismus ad acta gelegt. Noch Roland Barthes verstand die Fotografie „als Magie und nicht als Kunst"; trotz des Bewusstseins über die Gemachtheit der Bilder nistete sich das Moment eines Magischen ein (Barthes 1985 [1980], 99). Die Zauberliteratur bildet demgegenüber ein praktisch-regelhaftes Wissen über Fotografie ab, welches ähnlichen Rationalitätsprinzipien wie der sich um 1900 herausbildenden wissenschaftlichen Experimentalanordnungen verpflichtet ist. In einer konventionellen Lesart der Entwicklung fotografischer Verfahren im Ausgang des 19. Jahrhunderts wurde oft die Herausbildung wissenschaftlicher Gebrauchsweisen der Fotografie ihren unwissenschaftlichen spiritistischen Counterparts in Form von Gespensterfotografien, fotografierten Ektoplasmen oder schwebenden Tischen gegenübergestellt.[5] Der Konnex von Zauberliteratur und *Trick Photography* zeigt jedoch, dass Fotografie als Zauberkunst dem Positivismus näher steht als dem Spiritismus. Zauberhandbücher bringen die Fotografie als Bildtechnik zur Entmystifizierung der Welt in Stellung; sie wird dem Geheimwissen des Einzelnen, des souveränen Zauberers und gelehrten Experimentators als erlernbare Technik der freundlichen Täuschung enthoben. Damit wird sie als Technik zum Möglichkeitsraum des Einzelnen.[6] Der Enthüllungsgeschichte der chemisch-technischen Bedingtheit soll im Folgenden im ersten Schritt anhand des Bühnentricks des *sprechenden Kopfes* und seiner medialen Transformation in der Fotografie und der frühen Filmtechnik nachgegangen werden. Im zweiten Schritt wird die Fotografie als Zauberkunst im Gegenspiel zu den Fluidalfotografien des Spiritismus analysiert und gegen die Maxime einer Selbsttätigkeit der Kamera in Stellung gebracht. Die

5 Zum Beispiel folgt Tom Gunnings Analyse des „Uncanny" bezüglich der Gespensterfotografien um 1900 dieser dualen Logik. Vgl. Gunning 1995.

6 Ernst Cassirer hat in *Form und Technik* die Technik streng von der Magie abgegrenzt und sie als objektiven Möglichkeitsraum beschrieben (vgl. unser Vorwort in diesem Band). Cassirer 2004.

Transparenz der Techniken hinter den Bildern verweist dabei gleichzeitig auf die Vorstellung einer Transparenz des fotografischen Mediums. Die Fotografie als Zauberkunst ist keine unmittelbare Übertragungsmaschine der durch Geisterhand erscheinenden naturmagischen Phänomene – sie gibt in Form von Tricks den Blick frei auf die bildtechnisch beherrschbare Welt.

Talking Heads

Das Zauberhandbuch von Albert A. Hopkins steht in der Tradition des sich seit der zweiten Hälfte des 18. Jahrhunderts schnell verbreitenden Genres der Zauberliteratur (Abb. 4).[7]

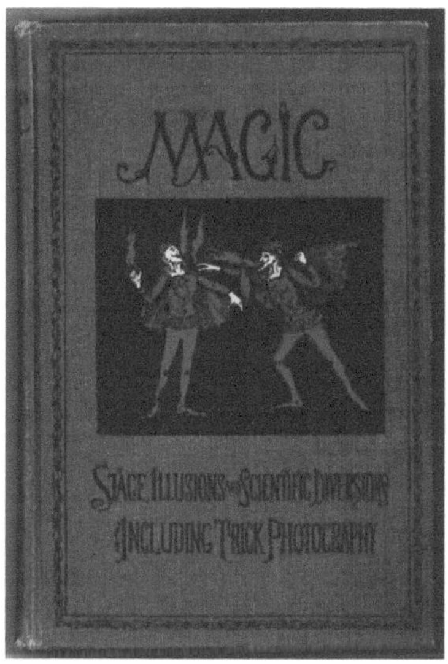

Abb. 4: Cover von Hopkins' *Magic*

Die Taschenspielkunst wurde salonfähig und ihre Protagonisten verlegten die Auftritte von Messen und Märkten in Paläste und Theater; Taschenspieler wurden zu Zauberkünstlern und die „Professoren der amüsanten Physik" benutzten neueste technische Tricks (vgl. Huber 2007, 329). Das Genre des Zauberhandbuchs bediente darin eine doppelte Entwicklung: Das Publikum gab sich im Theater den Illusionseffekten des Bühnenzaubers hin und gleichzeitig schritt die Aufklärung über die Techniken der Illusionsproduktion durch Zauberliteratur voran. Das Wissen

7 Hopkins kompilierte darin Artikel, die zuvor in den Zeitschriften *Scientific American* und *La Nature* erschienen waren.

über die Gemachtheit tat den bestaunten Effekten keinen Abbruch. So wird in *MAGIC* unter der Rubrik *Science in the Theatre* die mechanisch-technische Verfasstheit von doppelten Bühnenböden oder die Funktionsweise von schwebenden Gegenständen akribisch erklärt (Hopkins 1911 [1897], 240). Auch die doppelten Böden des fotografischen Bildes werden Schritt für Schritt aufgedeckt. Im Schlusskapitel wird in der Reihung *Trick Photography, Chronophotography* und *The Projection of Moving Pictures* eine Technikgeschichte des fotografischen und kinematografischen Bildes aus dem Geist des Zaubertricks entwickelt. Dabei ist es eine überraschende Ikonografie, welche in verschiedenen Variationen die fotografische Tricksektion durchzieht: Die Abtrennung des Kopfes vom Körper erscheint überdimensioniert hinter einem Gruppenporträt, als makabre Enthauptungsszene oder als überraschendes Abendessen (Abb. 5a–c).

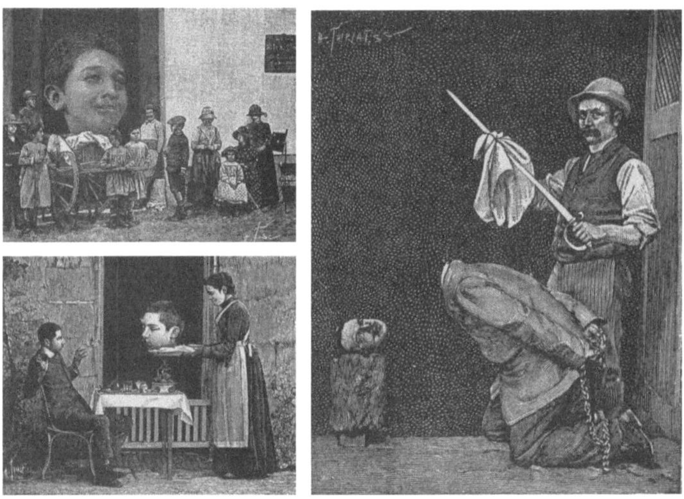

Abb. 5a–c: Hopkins: Group in Open Air, A Decapitation, Composite Photograph

Gemäß der damaligen drucktechnischen Schwierigkeiten, Fotografien in Büchern zu reproduzieren, werden die fotografischen Tricks nicht durch Fotografien repräsentiert, sondern in älteren drucktechnischen Verfahren des Stiches. Die dargestellten Settings orientieren sich an Alltagszenen und funktionieren über das surreal anmutende Einbrechen gewohnter Parameter – Größenverhältnisse verkehren sich, Personen werden verdoppelt, die Gravitation wird durch das Schweben von Personen im Bild aufgehoben. Dabei wird der gewünschte irritierende Effekt über eine collageartige Zusammenstellung der Bildelemente in Kompositbildern hervorgerufen, die auf einer ikonischen Ebene leicht lesbar sind. In der fototechnischen Beschreibung der mehrfach belichteten Fotografien, die immer wieder die Simplizität der Ausführung für Laienhände betont, wird sofort eingeholt, was unerklärlich wirken könnte. Die Darstellung des sich selbst-kannibalisierenden Gentleman ist daher leicht erklärt:

> It is not difficult to explain how these pictures were produced ... The method is this: In a darkened room the draped figure to represent the spirit is posed in a spirit-like attitude (whatever that may be) in front of a dark background with a suitable magnesium or other light arrangement thrown upon the figure, which is then focused in the 'naturalistic' style; ... The exposure is made and the latent image remains upon the sensitized plate, which is again used to photograph the sitter. Upon developing we get the two images, the 'spirit' mixed up with the figure. (Hopkins 1911 [1897], 433–434)

Der Geist („spirit") wird in Anführungszeichen gesetzt und sein Erscheinen nicht auf übernatürliche Phänomene zurückgeführt, sondern auf die Tricktechnik des fotografischen Verfahrens. Die Seherfahrung dieser Bildtäuschung ist um 1900 in Bezug auf das Motiv des abgetrennten Kopfes keine neue mehr – eine der ersten fotografischen Bildmanipulationen ist eine Ansicht des abgeschlagenen Kopfes Johannes des Täufers aus dem Jahr 1858 von Oscar Gustav Rejlander (Abb. 6).

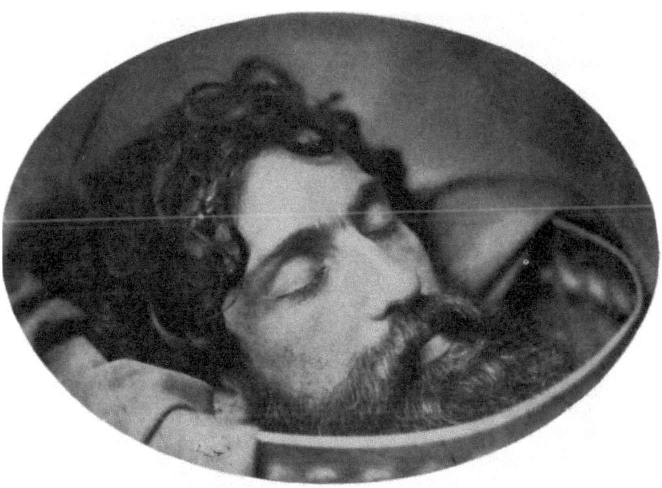

Abb. 6 Oscar Gustav Rejlander: Johannes der Täufer, 1858

Im Rahmen der *Trick Photography* wird jedoch nicht auf die christliche Ikonografie, sondern auf einen der bekanntesten Illusionstricks der

Bühnenkunst angespielt. In der Rubrik *Photographing a Head on a Platter* wird erklärt, wie eine Fotografie eines Kopfes auf einem Teller mit einem Illusionseffekt erzeugt werden kann:

> Pictures made in this manner seem extremely puzzling, when in reality they are very simple to make. An ordinary extension dining-table is used, the person to be photographed being seated in an opening between the two ends of the table, caused by the removal of a leaf. The tablecloth is then arranged so as to cover the gap. ... To make the illusion complete, a pan, cut away so that it may be conveniently placed around the neck, as shown in our engraving, may be used. This gives the appearance in the photograph of being an ordinary platter bearing the head of a living person. (Hopkins 1911 [1897], 445–446)

In dieser bebilderten Beschreibung des fotografischen Tricks wird ad absurdum geführt, was den Bühnentrick des sprechenden Kopfes, der unter den *optical tricks* aufgeführt ist, eigentlich ausmacht (Abb. 7a, b).

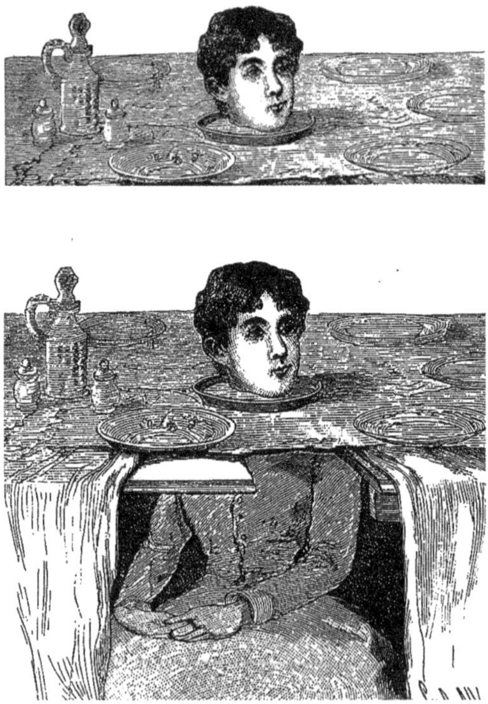

Abb. 7a, b: Hopkins: Head of Lady Photographed on a Platter

Er funktioniert nur auf der Bühne durch einen Spiegeleffekt unter dem Tisch, welcher dem Publikum ein viertes Tischbein entgegenspiegelt – die optische Illusion soll die Unmöglichkeit eines abgetrennten aber lebendigen Kopfes erzeugen. Dieser Bühnentrick kann in der Fotografie durch die Stillstellung der Szene, die fehlende Stimme und das Abschneiden des unteren Teils, welcher den Illusionseffekt überhaupt erst hervorruft, nicht funktionieren; es geht bei *Photographing a Head on a Platter* allein um die Einordnung der Fotografie in den Kontext der Zauberkunst. Der sprechende Kopf geht als Zitat einer Zaubertechnik in die Fotografie ein und stellt in einer neuen medialen Konstellation eine Konstante innerhalb der Zaubereigeschichte her. Der Übergang vom Zaubertrick in die Fotografie wendet die Bühnenperformanz ins Ikonische und macht den Zaubertrick als zweidimensionales, reprozierbares Wissen für Laien verfügbar. Das *tacit knowledge* der Machart des sprechenden Kopfes auf der Bühne geht dabei in Form eines *immutable mobile* in die Vervielfältigung ein und wird durch sie kanonisiert.[8] Schon in dem 1906 herausgegebenen Buch *Trick Photography. A Handbook describing all the most mysterious photographic tricks* und anderen Manualen zur Fotografie als manipulierbarer Technik erscheint der *Head on a Platter* in kanonischer Form (Penlake 1906, n.p., Abb. 8. Andere Beispiele sind Maskelyne 1891. Und im deutschsprachigen Raum Willmann 1886. Vgl. hierzu auch Natale 2012).

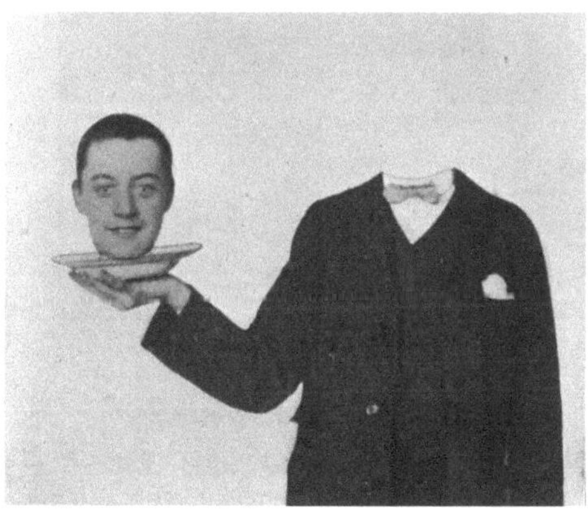

Abb. 8 Penlake: Head on Plate

„Betrachtet man die Geschichte der Zauberkunst als *Unterhaltungsform*," merken Brigitte Felderer und Ernst Strouhal bezüglich der Kanonisierung innerhalb der Zaubereigeschichte an,

8 Bruno Latour hatte mit seinem Terminus *immutable mobiles* die unveränderliche Beweglichkeit von Elementen beschrieben, die zwischen Mobilität und Zeichenkonstanz firmieren. Vgl. Latour 1990.

> ist zunächst erstaunlich, wie selten Innovationen sind. Effekte wie das Schweben, Verschwinden, Entfesseln, das Abtrennen und Zusammenfügen von Körperteilen ... zählen seit Jahrhunderten zum klassischen Repertoire der Magier und Zauberkünstler. ... Der Fortschritt in der Zaubergeschichte ... besteht eher in der Rekombination und Verfeinerung der Tricks ... sowie in der Anpassung an die jeweiligen technischen Möglichkeiten der Zeit und an die veränderten Bedürfnisse des Publikums. (Felderer und Strouhal 2007, 21–22)

Die Anpassung an die technischen Möglichkeiten um 1900 führte dazu, dass der Transfer des Bühnentricks in die Fotografie eine weitere mediale Transformation erfuhr: im frühen Kino.

1898 verwandelte Georges Méliès den Trick des sprechenden Kopfes in seinem Film *Un homme de têtes* in ein singendes Männerensemble ein und desselben Kopfes, der in der Frühzeit des Films jedoch, wie in der Fotografie, stumm bleiben musste. Méliès tritt selbst auf die Bühne und setzt seinen Kopf dreifach auf zwei neben ihm stehende Tische (Abb. 9).

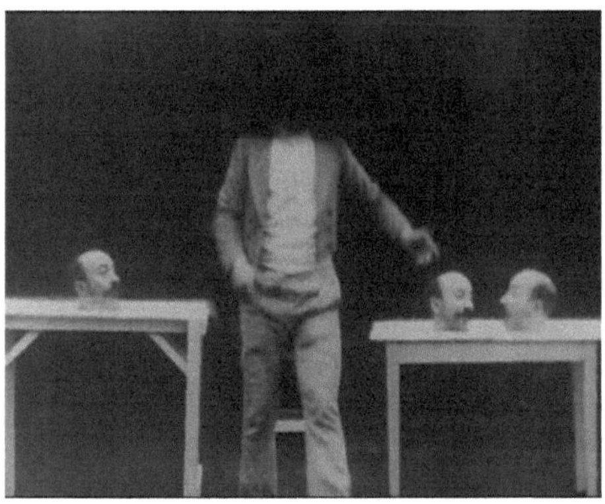

Abb. 9 Still aus Méliès *Un homme de têtes*, 1898

Durch die Filmtechniken des Schnitts und der Verdopplung wird das Abtrennen und Wiederherstellen des Kopfes in der Logik des Erscheinens und Verschwindens auf der Bühne mehrfach wiederholt. In der ersten Sequenz krabbelt er unter dem Tisch hindurch. Damit vollzieht er eine für die Varieté-Zauberei typische Geste, mit der üblicherweise die Normalität und Unverfälschtheit eines Gegenstandes vorgetäuscht werden soll.[9] „Der Filmapparat ist für Méliès zunächst einmal die Steigerungsform der

9 Im Beitrag von Sebastian Vehlken in diesem Band wird diese Praxis mit Bezug auf Christopher Nolan als erster Schritt im dreigliedrigen Systems eines jeden Zaubertricks analysiert.

Zauberhand" (Knörer 2010). Wie die *Trick Photography* luchst die Filmtechnik der Zauberbühne ihre Tricks ab und transformiert sie im neuen Medium des Films. Hatte diese den *Talking Head* nur in einfacher Ausführung erdacht, wird sie in der Filmtechnik als Vervielfachung möglich. Und mehr noch: durch die Tricktechnik des Films wird dem Publikum eine neue Opazität vor Augen gestellt, indem die Technik wieder hinter den Illusionseffekten verschwindet.

Für das frühe Kino ist der Zusammenhang von illusionistischen Effekten der Zauberkunst und des Erscheinens bewegter Bilder, dem Zaubertheater und dem Kinoraum beschrieben worden – ihr historiografischer Gravitationspunkt sind optische Apparate wie die Laterna Magica (Zauberlaterne), die das Erscheinen und Verschwinden von projizierten Bildern vorführte.[10] In der Figur Georges Méliès kulminierte die historische Kreuzung vom phantastischen Film und Zauberkunst, er kaufte 1888 das Zaubertheater des berühmten Magiers Jean-Eugène Robert-Houdin und schloss mit seinen Filmvorführungen an die Vorführungspraxis der Zauberbühne an. Während seine filmischen Doppelbelichtungen und Stopptricks das Erscheinen und Verschwinden von Personen und Objekten an die Logik der Dramaturgie des Zaubertricks anlehnten, galt für die Betrachter der Fotografie als Zauberkunst das zweidimensionale Bild und die Nachträglichkeit der Aufklärung des Geschehens. Die Dramaturgie der Fotografie ist konstitutiv in die Blackbox der Apparatur versenkt. An dieses Moment des Entzugs vor den Augen der Betrachter band sich der unbedingte Glauben an Fotografien, der sowohl Wissenschaft als auch Pseudowissenschaft fesselte, und der in Manualen zur *Trick Photography* Aufklärung erfahren sollte.

Verdächtige Mediationen

Der aufklärerische Modus der Zauberliteratur sollte dem naturmagischen Bild durch die Transparenz der Technik die Mystik austreiben, was gleichzeitig ein Phantasma der allumfassenden Intervention und Beherrschbarkeit der Technik hervorbrachte. Die Untersuchung des Objektivitätsparadigmas der Wissenschaftshistoriker Lorraine Daston und Peter Galison hat gezeigt, dass sich im Laufe des 18. und 19. Jahrhundert die Maxime einer nicht-intervenierenden Objektivität herausbildete, die in der Verwendung

10 Tom Gunning stellt in seiner Analyse des frühen Avantgarde-Kinos ,den Film der magischen Illusion' bei Méliès dem narrativen Film gegenüber. Der frühe *Trick Film* wird damit zur magischen Attraktion gegenüber der einfachen Struktur des kontinuierlichen Narrativs. Vgl. Gunning 1986, 65. Siehe auch Kessler et al. 1993 und Malthête und Mannoni 2002.

der wissenschaftlichen Fotografie ihren Niederschlag fand (Daston und Galison 2002, 29). In wissenschaftlichen Experimentalanordnungen sollte die Subjektivität des eingreifenden Wissenschaftlers gebannt, die Maschine in ihrer Selbsttätigkeit ungestört bleiben. Die Natur sollte sich ohne „verdächtige Mediationen" selbst auf der lichtempfindlichen Schicht zur Erscheinung bringen (ebd., 30). Das von der Natur selbst hervorgebrachte Bild legitimierte allerdings nicht nur die Wissenschaftlichkeit der Ergebnisse. Gleichzeitig konnte es als Beweis scheinbar unerklärbarer Effekte auf der Fotoplatte eingesetzt werden. Diese, von William Henry Fox Talbot als „natürliche Magie" bezeichnete Fähigkeit der fotografischen Apparatur setzte eine direkte Übertragung der Erscheinungen voraus (vgl. Nickel 2002, 133). Der kurze Moment der Einschreibung bei der fotografischen Aufzeichnung hielt dabei Wissenschaft als auch Pseudowissenschaft in Bann. Die Fotografie im Sinne der Zauberkunst geht dagegen von der artifiziellen Gemachtheit der Bilder und der Einfachheit des Verfahrens aus. Der Konnex von Zauberei und Fotografie treibt eine Entmystifizierung des Mediums voran, bei der das Medium so verfügbar und erklärbar wie möglich erscheint. Als spielerisches, aber erklärbares Wissen sollte die Fotografie von spiritistischen und okkulten Phänomenen abgegrenzt werden, was sich im eingangs zitierten Zauberhandbuch in der Formel des „Kollabierens des Spiritisten" artikuliert. Die Desillusionierungsstrategien durch das Aufdecken der Produktion der Bilder sind dabei naturwissenschaftlichen Argumentationsweisen analog, die sich um 1900 von parawissenschaftlichen Aktivitäten abzusetzen suchten. Diese Experimente bezogen sich auf den im Mesmerismus wurzelnden wiederaufkommenden Mediumismus, der ein universales Fluidum annahm, eine magnetische Kraft, die alle Körper durchdringe und insbesondere an den Fingerspitzen des menschlichen Körpers als Lichterscheinung entströme.[11] Nachdem die Röntgenfotografie 1895 von Wilhelm Konrad Röntgen den Beweis dafür lieferte, dass die Fotografie das geeignete Medium zur Aufzeichnung nicht wahrnehmbarer Phänomene war, schien nahe zu liegen, dass sie auch die mesmerschen Strömungen oder die von Carl von Reichenbach propagierte „Od-Strahlung" aufzeichnen könne (vgl. Chéroux 1997). 1897 begann der französische Neurologe Jules-Bernard Luys, wie schon zuvor Hippolyte Baraduc und Louis Darget, Fluidalfotografien zur Aufzeichnung von Krankheitssymptomen seiner Patienten herzustellen, um eine Klassifizierung der körpereigenen Ausstrahlungen bei verschiedenen Krankheiten und verschiedenen Zuständen der Hypnose zu erstellen (vgl.

11 Ausführlicher zum Verhältnis von mesmerischer Strömung und Od-Strahlung zur Fotografie vgl. zuletzt Müller-Helle 2014.

Geimer 2002, 335). Zusammen mit seinem Kollegen Émile David stellte er die Serie „Effluves Digitaux" her (Abb. 10).

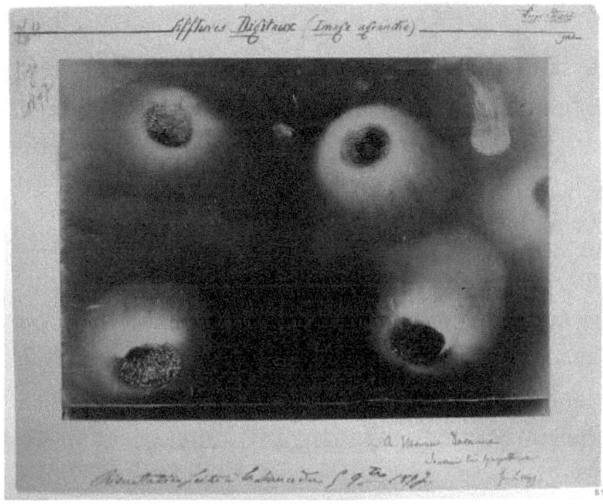

Abb. 10 Jules-Bernard Luys und Émile David, Fluidalfotografie, 9. Oktober 1897

Auf der fotografischen Abbildung erkennt man, nahezu ein Quadrat um das Zentrum bildend, vier ovale Fingerabdrücke, ein fünfter wird fast vollständig vom rechten Bildrand weggeschnitten. Um die fünf Fingerspitzen herum zeigen sich wieder helle Ausstrahlungen, die in einem starken Hell-Dunkel-Kontrast die Formen im Innern hervortreten lassen. In der rechten oberen Ecke erscheint ein heller, ebenfalls ovaler Abdruck, der durch eine schlierenartige Struktur nach unten gezogen zu werden scheint, was Luys als „ein im Entwicklerbad flottierendes Fragment der Epidermis" (ebd., 334) identifiziert. Dieses Ergebnis wurde durch das direkte Auflegen der Finger einer Versuchsperson auf eine 15 bis 20 Minuten im Entwicklerbad liegende Trockenplatte gewonnen (vgl. Chéroux 2005, 85), welche die direkten Ausstrahlungen der Patienten auf der sensiblen Platte visualisieren sollte, die je nach Alter, Geschlecht und Gemütsverfassung unterschiedliche Formationen entwickelten. Die herausragende Eigenschaft der Aufnahmeapparatur, die auf die bloße Platte reduziert wurde und bei der die gesamte Mechanik von den Kameragehäusen bis zu den Objektiven entfiel, war hier allein die Aufzeichnung einer Spur, die aus dem Reich des Unsichtbaren enthoben werden sollte. Diese Strategie der Sichtbarmachung verweist auf die frühen fotografischen Diskurse, die mit William Henry Fox Talbots „pencil of nature" und der Vorstellung einer sich selbst auf der fotografischen Platte einschreibenden Natur ihren Anfang nahmen und in der Zeichenklassifikation von Charles Sanders Peirce theoretisiert wurden. Peirce entwickelte in seiner Zeichenklassifikation 1893 zur Beantwortung der Frage „Was ist ein Zeichen?" das Konzept des Index – einer Spur, die eine existenzielle Beziehung zu einem Referenten unterhält (Peirce 1986). Diese Vorstellung schreibt sich in der Theoretisierung der Fotografie durch Rosalind Krauss fort:

> Photographie ist ein Abdruck oder eine Übertragung von Realem; sie ist eine photochemisch verarbeitete Spur, die kausal mit dem Ding in der Welt, auf das sie referiert, verbunden ist, wie Fingerabdrücke, Fußstapfen oder Wasserringe, die kalte Gläser auf einem Tisch hinterlassen. (Krauss 1998, 116)

Die Strömungsanhänger legten der Ausdeutung ihrer Experimente eben diese Vorstellung des Abdrucks eines real existierenden Phänomens zugrunde. Eine Beweisführung, die sich gerade den fehlenden mimetischen Bezug zu einem klar erkennbaren Referenten zunutze macht. Diese Lücke der Referenz wurde von Strömungsanhängern immer wieder mit wilden Spekulationen besetzt.

Gegenbeweise, die vor allem von René Colson und Adrien Guébhard gegen die Fluidalfotografien geführt wurden, richteten sich auf diesen freien Interpretationsspielraum und machten dingfest, was sich auf der fotografischen Platte niederschlägt, indem sie eine genaue Bestimmung des Referenten anstrebten (Abb. 11).

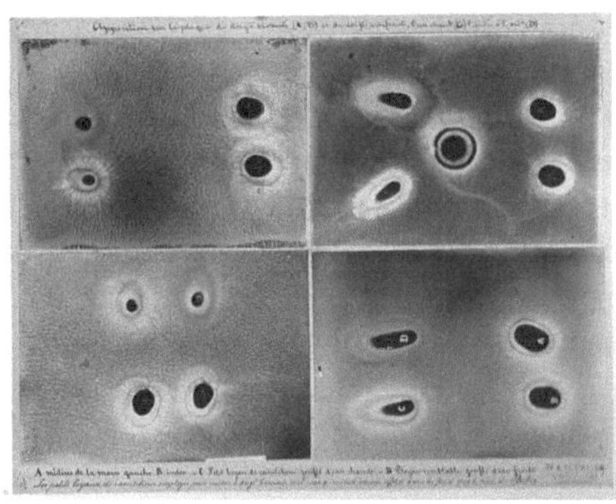

Abb. 11 Adrien Guébhard, Vier Fluidalfotografien auf eine Karte geklebt, 1897–98

Auf einer Platte des Physikers Guébhard, der in den Jahren 1897 und 1898 die Presse mit Artikeln zur Widerlegung der Strömungsanhänger überschwemmte, sieht man erneut Einwirkungen von Fingern auf der Emulsion der Platte, jedoch mit einem entscheidenden Unterschied zu Luys Experimenten. Betrachtet man die rechte untere Aufzeichnung mit vier ovalen Formen, die durch die Buchstaben A-D gekennzeichnet sind, erkennt man unschwer, dass die linke obere, im Gegensatz zu den drei anderen, keine helle Korona um sich herum aufweist. A und B sind Einwirkungen von lebendigen Fingern auf der Platte; C ist die Einwirkung eines mit warmem Wasser gefüllten künstlichen Fingers und D die eines künstlichen Fingers bei normaler Temperatur. Mit diesem Experiment wurde das vitale Fluidum, das Luys aufzuzeichnen glaubte, als eine Wärmeeinwirkung auf der fotografische Platte entlarvt. Bei der vergleichenden Analyse der beiden Platten von Luys und Guébhard wird deutlich, dass die Lesbarkeit der Bilder an das Aufdecken der Produktionsbedingungen gebunden war. Nur an ihnen kann die Unterscheidung zwischen Beweis und Gegenbeweis festgemacht, das Spiel von Zuschreibung, Betrug und neuester chemisch-technischer Evidenzproduktion entschieden werden.

Die Entlarvungsstrategien zur Eindämmung des übersinnlichen Vermögens der Fotografie nahmen, wie die Erklärungen der *Trick Photography* im Zauberhandbuch, das Aufdecken der Produktionsbedingungen in den Blick. Solange die Konstruktion der Bilder durchschaubar war, konnten sich keine magischen Überschüsse einschleichen: Es ist leicht erkennbar, dass der Kopf in das Bild hineinmontiert ist. Der wesentliche Unterschied zwischen den Experimenten Guébhards und den Beispielen des Zauberhandbuches liegt jedoch in der Möglichkeit der Erkennbarkeit des Phänomens. Indem die *Trick Photography* auf der ikonischen Ebene leicht lesbare Bildelemente in einer Collage zusammenführt, stellt sich die Evidenz der Gemachtheit der Bilder her. In den Fluidalfotografien kommt über das Zusammenspiel identifizierbarer Bildelemente (Fingerabdrücke) und abstrakterer Formen (helle Kreise um die Fingerkuppen) ein endloses Spiel der Bedeutung des Referenten in Gang. Die entscheidende Pointe liegt darin, dass ständig ein Spalt zwischen identifizierbaren und nicht-identifizierbaren Bereichen offen gehalten wird. Klar lesbare Spuren, wie die Fingerabdrücke, lassen sich auf einen Begriff bringen, an ihnen gerinnt eine bestimmte Bedeutung. Die verflüssigenden, abstrakten Spuren der Fluidalfotografien schaffen hingegen einen bedeutungsoffenen Raum, der durch wilde Zuschreibungen besetzt werden kann. Dies etabliert ein Verhältnis von Transparenz und Opazität der Bilder, durch welches ein potentiell unabschließbarer Deutungsprozess in Gang bleibt, der in spiritistische Erklärungsmodi eingespeist wurde. Diese Bilder figurieren in markanter Weise das Erscheinen einer Spur, die durch ein Phantasma der Unmittelbarkeit den Kontakt mit unerklärlichen Phänomenen suggeriert. Noch Barthes bemerkt in der *Hellen Kammer*:

> Die PHOTOGRAPHIE ist, wörtlich verstanden, eine Emanation des Referenten. Von einem realen Objekt, das einmal da war, sind Strahlen

> ausgegangen, die mich erreichen, der ich hier bin; die Dauer der Übertragung zählt wenig. (Barthes 1985 [1980], 90)

Gegen ein solches Postulat der unmittelbaren Übertragung stellt sich die Idee einer Fotografie als Zauberkunst. Sie wird in dieser Konstellation als Kunst der Täuschung vorgestellt, die jenseits von magischen Erscheinungen Illusionen durch Kniffe und Tricks vorführen kann. Diese Trick-Techniken sind jedoch nur so lange nicht erklärbar, wie das Wissen um ihre chemisch-technische Verfasstheit opak bleibt.

Angesichts der Fotografie wird gemeinhin auf das Erscheinen der Dinge in der Silberschicht fokussiert. Die Fotografie im Sinne der Zaubertechnik zu begreifen heißt, sie in der prozessualen Dynamik des Dreischritts vom „Erscheinen - Verschwinden - Wiedererscheinen" zu verstehen. Die Zaubertechnik im Sinne der Fotografie zu begreifen heißt wiederum, den performativen Charakter des Bühnenzaubers ins Ikonische zu wenden und „eine unmittelbare Erfahrung in eine verarbeitete Erfahrung" zu verwandeln (Daston 2005, 121).

Literatur

Albers, Irene und Anselm Franke, Hg. 2012. *Animismus: Revisionen der Moderne*. Zürich: Diaphanes.

Amelunxen, Hubertus von. 1988. *Die aufgehobene Zeit: Die Erfindung der Photographie durch William Henry Fox Talbot*. Berlin: Nishen.

Barthes, Roland. 1985 [1980]. *Die Helle Kammer: Bemerkungen zur Photographie*. Frankfurt/M.: Suhrkamp.

Cassirer, Ernst. 2004. „Form und Technik." In *Gesammelte Werke: Hamburger Ausgabe. Band 17: Aufsätze und kleine Schriften (1927–1931), Ernst Cassirer*, hg. von Birgit Recki, 139–183. Hamburg: Meiner.

Chéroux, Clément. 1997. „Ein Alphabet unsichtbarer Strahlen: Fluidalfotografie am Ausgang des 19. Jahrhunderts." In *Im Reich der Phantome: Fotografie des Unsichtbaren*, hg. von Andreas Fischer und Veit Loers, 11–22. Ostfildern-Ruit: Hatje Cantz.

———. 2005. „Photographs of Fluids: An Alphabet of Invisible Rays." In *The Perfect Medium: Photography and the Occult*, hg. von Clément Chéroux et al., 114–125. New Haven, CT: Yale University Press.

Daston, Lorraine und Peter Galison. 2002. „Das Bild der Objektivität." In *Ordnungen der Sichtbarkeit: Fotografie in Wissenschaft, Kunst und Technologie*, hg. von Peter Geimer, 29–99. Frankfurt/M.: Suhrkamp.

Daston, Lorraine. 2005. „Bilder der Wahrheit, Bilder der Objektivität." In *Einbildungen* [= Interventionen 14], hg. von Jörg Huber, 117–153. Zürich: Edition Voldemeer.

Felderer, Brigitte und Ernst Strouhal. 2007. „Am Spielplatz rarer Künste: Zu den Geschichten der Zauberkunst - eine Einleitung." In *Rare Künste: Zur Kultur- und Mediengeschichte der Zauberkunst*, hg. von Felderer und Ernst Strouhal, 11–32. Wien/New York: Springer.

Geimer, Peter. 2002. „Was ist kein Bild? Zur ‚Störung der Verweisung'." In *Ordnungen der Sichtbarkeit: Fotografie in Wissenschaft, Kunst und Technologie*, hg. von Peter Geimer, 313–343. Frankfurt/M.: Suhrkamp.

Geimer, Peter. 2009. *Theorien der Fotografie zur Einführung*. Hamburg: Junius.

———. 2010. *Bilder aus Versehen: Eine Geschichte fotografischer Erscheinungen*. Hamburg: Philo Fine Arts.

Göttel, Dennis und Katja Müller-Helle. 2009. „Barthes' Gespenster." *Fotogeschichte* 29 (114): 53–58.

Gunning, Tom. 1986. „The Cinema of Attraction: Early Films, Its Spectator and the Avant-Garde." *Wide Angle* 8 (3/4): 63–70.

Gunning, Tom. 1995. „Phantom Images and Modern Manifestations: Spirit Photography, Magic Theatre, Trick Films, and Photography's Uncanny." In *Fugitive Images: From Photography to Video*, hg. von Patrice Petro, 42–71. Bloomington: Indiana University Press.

Hopkins, Albert A., Hg. 1911 [1897]. *MAGIC: Stage Illusions And Scientific Diversions. Including Trick Photography.* New York: Dover Publications.

Huber, Volker. 2007. „Magisch-bibliographische Erkundungen: Zum Projekt einer Bibliographie deutschsprachiger Zauberliteratur." In *Rare Künste: Zur Kultur- und Mediengeschichte der Zauberkunst*, hg. von Brigitte Felderer und Ernst Strouhal, 313–338. Wien/New York: Springer.

Kessler, Frank; Sabine Lenk und Martin Loiperdinger, Hg. 1993. *Kintop 2. Jahrbuch zur Erforschung des frühen Films, Méliès – Magier der Filmkunst*. Basel, Frankfurt/M.: Stroemfeld/Roter Stern.

Kittler, Friedrich. 2002. *Optische Medien: Berliner Vorlesung 1999*. Berlin: Merve.

Knörer, Ekkehard. 2010. *„1898: Georges Méliès: Un homme de tête."* In *Cargo Film/Medien/Kultur* (April 2010). Letzter Zugriff am 25. Juli 2015. http://www.cargo-film.de/blog/2010/apr/15/mht-4-1898/.

Krauss, Rolf H. 1992. *Jenseits von Licht und Schatten: Die Rolle der Photographie bei bestimmten paranormalen Phänomenen – ein historischer Abriß*. Marburg: Jonas.

Krauss, Rosalind. 1998. „Die photographischen Bedingungen des Surrealismus." In *Das Photographische: Eine Theorie der Abstände*, Rosalind Krauss, 101–123. München: Fink Verlag.

Latour, Bruno. 1998 [1991]. *Wir sind nie modern gewesen: Versuch einer symmetrischen Anthropologie*. Frankfurt/M.: Fischer.

———. 1990. „Drawing Things Together." In *Representation in Scientific Practice*, hg. von Michael Lynch und Steve Woolgar, 19–68. Cambridge, MA: MIT Press.

Löffler, Petra. 2015. „Ghosts of the City: A Spectrology of Cinematic Spaces." In *communication* +1 4 (9): 1–19.

Malthête, Jacques und Laurent Mannoni, Hg. 2002. *Méliès: Magie et Cinema*. Paris: Paris-Musées.

Maskelyne, John Nevil. 1891. „Modern Spiritualism." In *The Supernatural?*, hg. von L.A. Weatherly, 153–232. Bristol: Arrowsmith.

Müller-Helle, Katja. 2014. „Stumme Zeugen: Fotografische Bildevidenz am Rand der Wahrscheinlichkeit." *Zeitschrift für Medienwissenschaft* 11, 2: 37–48.

Natale, Simone. 2012. „A Short History of Superimposition: From Spirit Photography to Early Cinema." *Early Popular Visual Culture* 10 (2): 125–145.

Nickel, Douglas R. 2002. „Talbot's Natural Magic." *History of Photography* 26 (2): 132–140.

Peirce, Charles Sanders. 1986. „Die Kunst des Räsonierens, Kapitel II. Was ist ein Zeichen?" In *Semiotische Schriften*, hg. und übersetzt von Christian Kloesel und Helmut Pape, Bd. 1, 191–201. Frankfurt/M.: Suhrkamp.

Penlake, Richard. 1906. *Trick Photography: A Handbook describing all the most Mysterious Photographic Tricks*. London: Marshall, Bookes & Chalkley.

Schüttpelz, Erhard. 2012. „Auf der Schwelle zwischen Animismus und Spiritismus: Der 'Geisterangriff' auf Edward Tylor (London 1872)." In *Animismus: Revisionen der Moderne*, hg. von Irene Albers und Anselm Franke, 153–171. Zürich: Diaphanes.

Willmann, Carl. 1886. *Moderne Wunder: Natürliche Erklärungen der älteren wie neueren Geheimnisse der Spiritisten und Antispiritisten, Geistercitierer, Hellseher, Gedankenleser, Heilmedien, Mnemotechniker und Rechenkünstler.* Leipzig: Otto Spamer.

[3]

Trickkisten: Heinz von Foerster und der Zauber der Kybernetik

Jan Müggenburg

The hallmark of a great Cybernetician is perfect showmanship, together with the recognition that the show is paramount; it must go on.
— Gordon Pask (1979, 17)

NumaRete will nicht mehr zählen

An einem kalten Wintertag im Januar des Jahres 1965 folgten zwei Physiker aus Urbana-Champaign, Illinois, einer Einladung des Fernsehsenders *CBS* nach New York City. In einer landesweit übertragenen Wissenschaftssendung sollten Heinz von Foerster und sein Doktorand Paul Weston eine Maschine vorstellen, die letzterer im Rahmen seiner Forschungsarbeit an Foersters *Biological Computer Laboratory* (BCL) der *University of Illinois* (UoI) konstruiert hatte (vgl. Weston 2001). Moderator der Sendung war kein Geringerer als Amerikas beliebter Nachrichtensprecher Walter Cronkite, der gut ein Jahr zuvor durch seine Live-Berichterstattung über das Attentat auf Präsident Kennedy weltweite Bekanntheit erlangt hatte. In seiner neuen Sendung sprach Cronkite mit ausgewählten Wissenschaftlern über deren neueste Forschungsergebnisse und gab ihnen Gelegenheit, ihre oft kuriosen Erfindungen und Apparate vorzustellen.

Die Maschine, die Foerster und Weston im Gepäck hatten, wirkte auf den ersten Blick wenig spektakulär. Durch ihre kantige Form und das numerische Anzeigemodul erinnerte sie eher an eine einfache elektronische Registrierkasse, bei der man die Tastatur gegen eine Glasscheibe ausgetauscht hatte (Abb. 1).

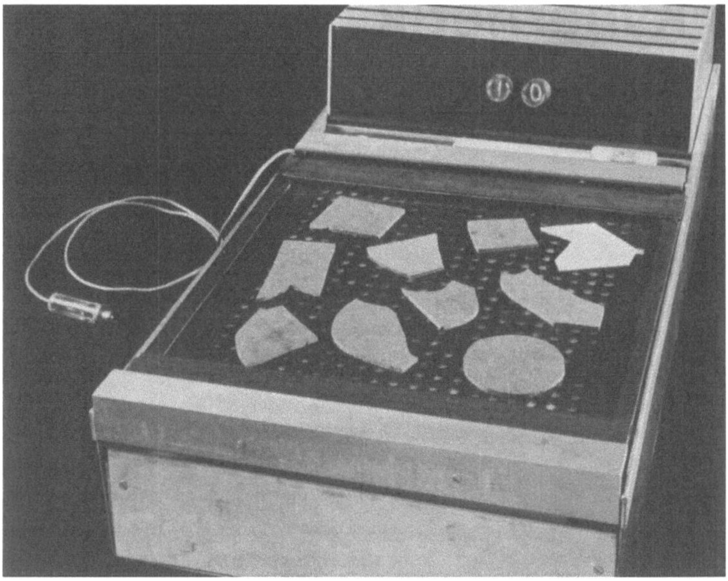

Abb. 1: NumaRete mit zehn Objekten: Die Anzahl der Objekte wird auf dem oberen Panel angezeigt

Legte man jedoch eine Reihe von verschiedenen Gegenständen auf die Oberfläche der Maschine, konnte sie ein verblüffendes Kunststück vorführen: Im Bruchteil einer Sekunde erschien die korrekte Anzahl der Gegenstände auf ihrer zweistelligen Anzeige. Weston hatte seine Erfindung auf den Namen *NumaRete* getauft (vgl. Hutchinson, Müggenburg und Weston 2008). Mit ihrer zentralen Komponente, einem Netzwerk von Photo- und Rechenzellen, sollte die Maschine die Funktionsweise der Retina im tierischen und menschlichen Auge nachahmen. Foerster und Weston hatten die Maschine bereits bei vielen Anlässen vorgeführt und waren ein eingespieltes Team. Der Ältere begleitete die Vorführung mit einem Vortrag über die Überlegenheit biologischer Computer und führte seine staunenden Zuschauer in die Geheimnisse neuronaler Netze ein. Der Jüngere blieb bei der Präsentation eher im Hintergrund und sorgte dafür, dass seine Konstruktion einwandfrei funktionierte.

Ausgerechnet an jenem Tag im Winter 1965 jedoch zählte die NumaRete überhaupt nichts mehr. Als Foerster und Weston sie gut eine Stunde vor Aufzeichnungsbeginn aus ihrem extra für die Flugreise angefertigten Aluminiumkoffer hoben und einschalteten, mussten sie zu ihrem Entsetzen feststellen, dass die Maschine auf der Reise beschädigt worden war. Ein unvorsichtiger Flughafenmitarbeiter musste den Koffer fallen gelassen haben! Weston reagierte schnell: Er lieh sich von den Studiotechnikern ein Oszilloskop und andere Messinstrumente, um herauszufinden, an welcher Stelle des Netzwerks der Stromfluss unterbrochen war. Seine Verzweiflung stieg, als er im ganzen System überhaupt keine elektrische Spannung feststellen konnte. Hilflos musste er zusehen, wie die größte denkbare Blamage für einen Nachwuchswissenschaftler immer näher rückte. Es war schließlich sein Professor, der im allerletzten Moment die rettende Idee hatte. Eilig präparierte der junge Physiker seine Maschine nach Foersters Anweisungen.

So wurden die Zuschauer von CBS schließlich doch noch Zeuge, wie Cronkite kleine Gegenstände auf die Oberfläche eines biologischen Computers legte und sich darüber freute, dass dieser blitzschnell die richtige Anzahl anzeigte. Ihm gegenüber saßen ein junger Physiker und ein charismatischer Professor, der den Moderator mit strahlenden Augen ansah. Was die Zuschauer indes nicht sehen konnten, war, dass der Professor die Anzeige der Maschine heimlich über eine unter dem Tisch verborgene Kabelfernbedienung steuerte. In letzter Sekunde war es dem Physiker und Kybernetiker Foerster gelungen, den Auftritt zu retten, indem er die künstliche Intelligenz der ‚hirntoten' NumaRete durch seine eigene ersetzte.

Die kurze Geschichte dieses Zaubertricks mag zunächst einmal als eine Bestätigung der – in der Wissenschaftsforschung mittlerweile allgemein anerkannten – Feststellung dienen, dass wissenschaftliche Modelle nicht nur Modelle *von* etwas sind, sondern stets auch Modelle *für* etwas bzw. jemanden. Als wissenschaftliche Medien treten sie nicht nur zwischen ein bestimmtes Phänomen und seine Interpretation durch einen Wissenschaftler (Morgan und Morrison 1999), sondern sie werden in der Regel auch für ein bestimmtes Publikum entworfen (Keller 2000). Modelle fungieren so als „a key medium of traffic between the sciences and the wider culture" (Chadarevian und Hopwood 2004, 6). Als visuelle Argumente und Demonstrationsobjekte helfen sie dem Wissenschaftler, die eigene tatsächliche oder behauptete Erkenntnisleistung in eine kohärente Darstellungsform zu überführen. Indem sie so Evidenz und Zeugenschaft generieren, können Modelle in Debatten eingreifen und in Konkurrenz zu anderen Modellen treten. Sie tragen zur Konsensbildung bei und stabilisieren oder destabilisieren soziotechnische Netzwerke.

Der nur fast missglückte Fernsehauftritt der NumaRete führt indes den grundsätzlich prekären Status dieser Vorführungssituation vor Augen. Evidenz und Zeugenschaft laufen ständig Gefahr, in Zweifel oder Unaufmerksamkeit umzuschlagen. Wenn ein wissenschaftliches Modell nicht funktioniert bzw. ein angekündigtes Ereignis nicht auslösen kann, erscheint es von einem Moment auf den anderen als ein Objekt ohne Bedeutung: „Es referiert nicht mehr" (Latour 2000, 92). Die durch Paul Weston überlieferte Pointe der Fernsteuerung als Hilfskonstruktion verweist dabei auf einen entscheidenden Aspekt dieser medialen Instabilität: Über die Funktionalität eines wissenschaftlichen Modells entscheiden nicht allein die Maschine und ihr Konstrukteur. Vielmehr trägt der Zeuge bzw. das Publikum ebenso aktiv zur Evidenzproduktion bei. Nur weil das Fernsehpublikum nicht weiß, dass es ausgetrickst wird, kann die NumaRete als Referent der verblüffenden Leistungsfähigkeit neuronaler Netze in Erscheinung treten. Wissenschaftliche Modelle, so scheint es, sind immer auch Medien der Überzeugung und Illusionsbildung.

Auf den zweiten Blick erscheint es aber voreilig, die 15-minutes-of-fame der NumaRete einfach als eine paradigmatische Situation der wissenschaftlichen Vorführung im Allgemeinen zu interpretieren. Denn die vermeintlich provokative These, dass die Inszenierung von Wissen ein konstitutives Element der Evidenzproduktion ist, würde in diesem Fall nicht aufdecken oder aufklären, sondern schlicht bestätigen, wovon der verantwortliche Wissenschaftler ohnehin ausgegangen ist. Denn bekanntlich hat Foerster immer wieder darauf hingewiesen, dass sein Verständnis von Wissenschaft stark von seinen Erfahrungen als Zauberkünstler geprägt worden ist. Dass die Überzeugungskraft eines wissenschaftlichen Modells davon abhängt, wie viel ihr Beobachter über dessen inneren Aufbau weiß, war für einen zauberkundigen Wissenschaftler wie ihn eine Selbstverständlichkeit. Vor diesem Hintergrund macht es auch keinen Unterschied, ob die NumaRete im Fernsehen oder unter den gewohnten Bedingungen ihres wissenschaftlichen Laborkontextes vorgeführt wurde. Denn die unter Foersters Leitung am BCL konstruierten wissenschaftliche Modelle wurden von ihren Konstrukteuren immer auch als *Demonstrationsmaschinen* verstanden – entworfen um Forschungsmittelgeber aus Washington oder konkurrierende Wissenschaftler von der Überlegenheit des biokybernetischen Ansatzes zu überzeugen.

Im Folgenden soll daher nicht einfach die Frage nach der Inszenierung kybernetischer Modelle gestellt werden, sondern vielmehr die Selbstinszenierung Foersters als zaubernder Wissenschaftler und sein Wissen von Modellen als Mittel der Evidenzproduktion ins Zentrum dieses Aufsatzes gerückt werden. In einem ersten Schritt soll dazu Foersters autobiographische Eigendarstellung als zaubernder Wissenschaftler beleuchtet werden. In einem zweiten Schritt wird am Beispiel der Selbstorganisationsforschung gezeigt, dass Theorie, Modell und Vorführung in Foersters Kybernetik eine untrennbare und epistemisch vielleicht gerade deshalb produktive Verbindung eingegangen sind. Abschließend wird argumentiert, dass diese Verbindung auf einem gezielten Einsatz von ‚Nichtwissen' beruhte, der für die Kybernetik jener Zeit charakteristisch war. Bei Foerster verbarg sich hinter dieser Formel von Evidenz als Produkt einer spezifischen Relation von Wissen und Nichtwissen letztlich das Vorhaben, die Grenze zwischen den modernen Wissenschaften und einem vormodernen magischen Verständnis von ‚Wissen' in Zweifel zu ziehen. Von Kybernetik und Systemtheorie versprach sich Foerster nicht weniger als eine Rehabilitierung des universalistischen Anspruchs der neuzeitlichen *magia naturalis.*

Autobiographischer Zauber

Von Foersters Leben und insbesondere von seinen Erfahrungen auf dem Gebiet der Zauberkunst wissen wir vor allem aus seinen eigenen Erzählungen (vgl. u.a. Foerster 1993b; Foerster 1993d; Foerster, Müller und Müller 2008; Foerster und Glasersfeld 2010; Foerster und Pörksen 2013; Foerster und Bröcker 2014). Und wenngleich der Wissenschaftshistoriker solche Quellen der *Oral History* anhand anderer primärer und sekundärer Publikationen und Archivalien überprüfen kann, muss er sich ein Stück weit mit der Tatsache anfreunden, sich selbst im Publikum eines leidenschaftlichen Autobiographen wiederzufinden. Tatsächlich hat Foerster einzelne Anekdoten und Erinnerungen immer wieder ‚vorgeführt' und konnte sich ihrer Wirkung ebenso gewiss sein, wie bei der Präsentation seiner biologischen Computer und selbstorganisierenden Maschinen einige Jahrzehnte zuvor. In diesem Sinne erhebt auch die folgende Skizze seiner Karriere als zaubernder Wissenschaftler keinen Anspruch auf vollständige Objektivität, denn es mag durchaus sein, dass der Autor dieser Zeilen auf den ein oder anderen Trick hereingefallen ist.

Innerhalb von Foersters Erzählungen über seine Jugend in Wien, die Kriegsjahre in Deutschland und seine verspätete Karriere als Physiker und

Kybernetiker in den USA stellen die Erinnerungen an seine Beschäftigung mit der Zauberkunst eine besonders schillernde Facette dar. Gemeinsam mit seinem gleichaltrigen Cousin Martin Lang, so hat es Foerster wiederholt erzählt, begann er im Alter von vierzehn Jahren damit, die leicht zu durchschauenden Kunststücke eines Kinderzauberkastens zu verbessern und weiterzuentwickeln (z.B. in Foerster 1993c, 9–39). Dabei orientierten sich die beiden vor allem an den komplizierten, aber für den Geldbeutel der Jungen zu kostspieligen Tricks aus dem Angebot des Wiener Geschäftes für Zaubereibedarf *Zauber-Klingl*.[1] Neben den dort angebotenen Apparaten und Utensilien ließen sie sich außerdem von der zwanzigbändigen Anthologie *Unterricht in der natürlichen Magie* von Johann Christian Wiegleb und Gottfried Erich Rosenthal aus dem Jahr 1789 inspirieren, welche Foerster in einem Wiener Antiquariat gefunden hatte (Wiegleb und Rosenthal 1779–1805). Nach zahlreichen Auftritten im erweiterten Kreis der Familie mündete diese kindliche Begeisterung für die experimentelle Zauberei schließlich in einer ernsthaften Auseinandersetzung mit dem Gedanken, eine Karriere als professioneller Artist anzustreben: Die beiden Nachwuchskünstler gründeten die *Foerster-Lang-Zaubergesellschaft* (FÖLAG) und bestanden mit ihren selbst entworfenen Zauberkunststücken sogar die Aufnahmeprüfung der *Internationalen Artistenorganisation* (IAO) im Wiener *Apollo Theater*. Foerster zufolge hat diese frühe Faszination für Zauberei und Artistik den Weg für seine spätere Auseinandersetzung mit Fragen der Wahrnehmung und Beobachtung bereitet:

> Die Idee ist, dass du als Zauberer imstande bist, ein Ambiente, einen Kontext zu erzeugen; eine Welt, in der die Zuschauer mitspielen, diese Welt zu erzeugen. Das heißt, du baust deinem Zuschauer eine Welt auf, in der eben die erstaunlichen Sachen passieren, die er dann erlebt. Aber die er eigentlich konstruiert in seiner Idee, in seinen Gedanken, in denen die Löwen oder Elefanten plötzlich verschwinden. (Foerster und Bröcker 2014, 95)

Wenngleich Foersters Jugendtraum einer Karriere als international gefeierter Zauberkünstler nicht in Erfüllung gehen sollte, wird er auf diese Strategie der Welterzeugung in ganz anderen Kontexten zurückgreifen. So stellt vor allem das Experimentieren mit und Vorführen von technischen Geräten eine wiederkehrende Konstante in seiner Vita dar. Nachdem Foerster sein Studium der Physik an der *Technischen Hochschule* in Wien im Jahr 1933 unvermittelt abgebrochen hatte und nach Köln gezogen war

1 Tatsächlich war Wien in den zwanziger Jahren ein Zentrum für Zauberkunst: *Zauber-Klingl*, benannt nach dem Geschäftsgründer Michel Klingl, konstruierte und vertrieb aufwendige Tricks für Zauberkünstler aus aller Welt.

(Müller 2011, 25), fand er dort zunächst eine Anstellung bei der Firma *E. Leybold's Nachfolger*, die physikalische Apparate für den Laborbetrieb und Schulunterricht herstellte. Zunehmend unglücklich darüber, dass seine Vorgesetzten in dem jungen Physiker ohne Abschluss vor allem einen überzeugenden Verkäufer (und weniger einen ernstzunehmenden Physiker) sahen, folgte er fünf Jahre später der Empfehlung eines Kollegen und bemühte sich um eine Anstellung „in einem Siemens-Forschungs-Lab" in Berlin, wo man ihn jedoch nur im „Arbeits-Lab" für die Reparatur von „Galvanometern oder Elektrizitätsmesser" einsetzen wollte (Bröcker 2014, 109). Dort kündigte Foerster wiederum im Dezember 1939 und landete nach einem halbjährigen Intermezzo in Wien bei der *Gesellschaft für elektroakustische und mechanische Apparate mbH* (GEMA) in Berlin. Hier (und später in Wahlstatt bei Liegnitz) wurde er bis zum Frühjahr 1945 mit der Entwicklung von hochfrequenten Elektronenröhren für den Einsatz in Wasserschall- und Funkortungstechnologien (Vorläufer von SONAR und RADAR) beauftragt (Kroge 1998; Watson 2009, 229–238).

Nach Kriegsende flüchtete Foerster unter dramatischen Bedingungen zurück nach Wien, wo er von 1946 bis 1948 beim Wiederaufbau einer Fabrik für das Unternehmen *Schrack-Ericsson* half, das Relais und andere Bauteile für Telefonanlagen produzierte. Parallel zu dieser Tätigkeit arbeitete Foerster außerdem als Moderator einer Wissenschaftssendung für die US-amerikanische Radiostation *Rot-Weiß-Rot* (RWR). Diese war im November 1945 als Gegenpol zur unter sowjetischer Kontrolle stehenden *Radio Verkehrs AG* auf Sendung gegangen. Es war auch dieser in Wien geknüpfte Kontakt zu den amerikanischen Behörden, der Foerster im Frühjahr dazu bewog, sein Glück in den USA zu versuchen. Über die Vermittlung des in New York lebenden Wiener Pharmakologen Klaus Unna und unterstützt durch den amerikanischen Neurophysiologen Warren McCulloch, erhielt Foerster – weiterhin ohne jeglichen akademischen Abschluss – in der Mitte des Jahres 1949 eine Anstellung als *Special Research Assistant Professor* am *Department for Electrical Engineering* der *University of Illinois* in Urbana-Champaign, wo er bis Ende der 1950er Jahre wieder im Bereich der Mikrowellenphysik und der Entwicklung von Hochleistungsröhren tätig wurde.

McCulloch war es auch, der Foerster nur wenige Wochen nach dessen Emigration zu den *Macy*-Konferenzen in New York einlud und ihn mit den Protagonisten der ersten Welle amerikanischer Kybernetik um Norbert Wiener und John von Neumann bekannt machte (Foerster 2004, Heims 1991, 39). Angeregt durch seine Gespräche bei RWR und die Lektüre von Schrödingers *Was ist Leben?* (Schrödinger 2011) hatte Foerster nach

Kriegsende in Wien eine quantenphysikalische Theorie des Gedächtnisses verfasst (Foerster 2011), welche unter den Mitgliedern der interdisziplinären Kybernetikgruppe nun auf großes Interesse (wenngleich auf wenig Zustimmung) stieß. Im Laufe der 1950er Jahre bekam Foerster so die Gelegenheit, sich aus nächster Nähe in den kybernetischen Diskurs hineinzuarbeiten und gründete – während sich die erste Generation der Kybernetik bereits auf eine große inhaltliche wie personelle Krise zubewegte (Kline 2015, 179–201) – schließlich an der UoI im Jahr 1958 das BCL. Mit Ausnahme des *Research Laboratory for Electronics* (RLE) am *Massachusetts Institute of Technology* (MIT) in Boston, war dies der einzige Fall, in dem es gelang, der Kybernetik als transdisziplinärer Universalwissenschaft in den USA eine institutionelle Heimat zu geben (ebd., 101).

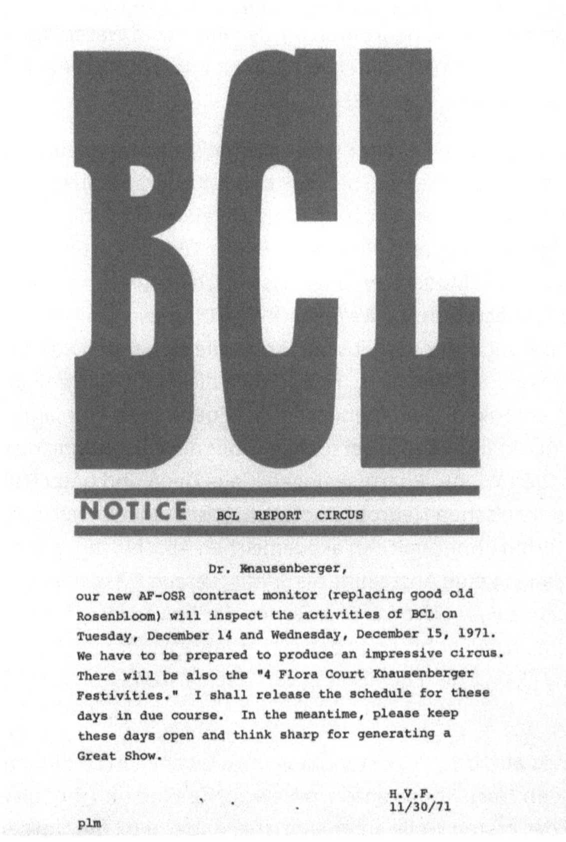
BCL

NOTICE BCL REPORT CIRCUS

Dr. Knausenberger,

our new AF-OSR contract monitor (replacing good old Rosenbloom) will inspect the activities of BCL on Tuesday, December 14 and Wednesday, December 15, 1971. We have to be prepared to produce an impressive circus. There will be also the "4 Flora Court Knausenberger Festivities." I shall release the schedule for these days in due course. In the meantime, please keep these days open and think sharp for generating a Great Show.

H.V.F.
11/30/71

plm

Abb. 2: Internes Memorandum vom 30. November 1971 aus dem Nachlass des Labors, mit freundlicher Genehmigung der University of Illinois Archives

Das neue Labor wurde von Foerster als radikal interdisziplinäre Einrichtung konzipiert und versammelte sowohl Ingenieure, Physiker und Mathematiker als auch Biologen, Philosophen oder Neuropsychiater (Müller 2000). Eine Konstante in der bewegten Geschichte des Labors bis zu seiner Schließung im Jahre 1974 war dabei die ständige Weiterentwicklung und Anpassung der Forschungsagenda an wissenschaftliche Konjunkturen. Zunächst mit dem Vorhaben gestartet, biologisch inspirierte Alternativen zur mittlerweile etablierten *Von Neumann-Architektur* zu entwickeln (Müggenburg 2009), beschäftigten sich die Mitarbeiter in Foersters Labor über die Jahre mit so unterschiedlichen Dingen wie der Selbstorganisationsforschung, dem Entwurf mehrwertiger Logiken oder der Bionik (Müggenburg 2011). Der Schlüssel zu dieser Adaptionsfähigkeit lag dabei nicht zuletzt in Foersters Fähigkeit, mit dem BCL eine eigene Forschungswelt zu erschaffen, an deren Erzeugung nicht nur er selbst und seine Mitarbeiter, sondern vor allem auch die Entscheidungsträger der verschiedenen Forschungsmittelgeber beteiligt waren.

Den am BCL konstruierten Maschinen kam bei der Erzeugung dieses neuen Forschungsambientes eine entscheidende Rolle zu. Immer dann, wenn sich Besucher aus Washington ankündigten, um den Fortschritt eines der laufenden Projekte zu überprüfen, wurden die neuronalen Netze, künstlichen Augen und bionischen Ohren aus der Werkstatt geholt und vorgeführt. Foerster, der solche Anlässe in internen Meldungen als den „BCL Report Circus" bezeichnete (Abb. 2), war sich über die Bedeutung seines eigenen Verkaufstalentes dabei stets im Klaren. So hatte er bereits im Gründungsjahr des BCL gegenüber einem Funktionär des *Office of Naval Research* (ONR) der *US AirForce* in einem vertraulichen Brief zugegeben:

> In discussing his research program with sponsoring agencies in many cases the scientist is supposed to turn into a salesman, and it is not quite clear whether the organization is buying the program or his salesmanship. (Foerster 1958)

Würfeltricks, Dämonen und allegorische Maschinen

Von seinen Erfahrungen als Zauberkünstler profitierte Foerster indes nicht nur in den vielen Verhandlungsgesprächen mit militärischen und anderen öffentlichen Geldgebern für sein BCL. Tatsächlich hat sich seine frühe Ahnung der Notwendigkeit einer Beteiligung des Publikums in einem spezifischen Schreib- und Denkstil manifestiert, der sein wissenschaftliches Arbeiten selbst auf die Zauberbühne holte. So schreibt der Literaturwissenschaftler Bruce Clarke über Foersters Texte aus den 1960er und frühen 1970er Jahren:

> ... these papers are intensely focused on entertaining audiences often assumed to be skeptical about their propositions. For scientific papers they are remarkably high rhetorical performances. Serious arguments about matters of biological computation, system/environment interrelation, and perceptual and cognitive construction typically turn on a presentational rhetoric that places them, as it were, on a magician's stage and presto! (Clarke 2009, 36)

Was Clarke Präsentationsrhetorik nennt, hing jedoch eng mit einem weiteren zentralen Element des Foersterschen Denkstils zusammen. Neben den erwartbaren Formeln und Diagrammen setzte der Kybernetiker in seinen Vorträgen immer wieder auf die plastische Beschreibung immaterieller Modelle. Visuell unterstützt durch anschauliche Zeichnungen, handelte es sich bei diesen Modellen in der Regel um dynamische Systeme, die von einem Anfangs- in einen Ausgangszustand wechseln konnten. Indem Foerster solche *allegorischen Maschinen* vor dem inneren Auge seiner Zuhörer ablaufen ließ, verliehen sie seinen Argumenten Überzeugungskraft durch Performanz und unterstützten deren Wahrheitsanspruch. Diese kybernetischen Modelle waren jedoch nicht nur für die Evidenzproduktion auf Seiten des Publikums zuständig. Vielmehr halfen sie Foerster selbst dabei, seine Theorien und Thesen zu vergegenwärtigen und gewissermaßen *maschinell* zu vollziehen. Wie das folgende Beispiel jener magnetischen Würfel zeigen soll, anhand derer Foerster sein einflussreiches „Order from Noise-Principle" vollzog,[2] gingen Theoriebildung, Modellierung, Vorführung sowie die Reflektion dieser Trias in seinen Vorträgen eine untrennbare und vielleicht gerade deshalb epistemisch so produktive Verbindung ein.

Das innerhalb der amerikanischen Wissenschaftslandschaft neu erwachte Interesse an selbstorganisatorischen Prozessen in Biologie, Physik und Mathematik hatte den neu berufenen Direktor der Abteilung *Information Systems* innerhalb des *Office of Naval Research* der *US Navy* Ende der

2 Foersters Idee, Störung als Auslöser von Selbstorganisationsprozessen zu betrachten, beeinflusste die bioinformatischen Theorien des französischen Biophysikers Henri Atlan, den er in den frühen 1970er Jahren an der University of California in Berkeley kennenlernte (vgl. Depuy 2005). Dessen Werk wiederum inspirierte Michel Serres, dessen Philosophie der Störung bis zum heutigen Tage medientheoretische Ansätze prägt, z.B. die Akteur-Netzwerk-Theorie von Bruno Latour (Clarke 2011, 47–48).

1950er Jahre dazu bewogen, die vielen verschiedenen Initiativen auf einer interdisziplinären Tagungsreihe mit dem Titel *Self-Organizing Systems* zusammenzuführen (vgl. Keller 2008, 70). Ein besseres Verständnis selbstorganisatorischer Prozesse, so zeigte sich Marshal C. Yovits überzeugt, werde man vor allem durch die Konstruktion von Maschinen erzielen, die sich selbstorganisatorisch verhalten: „certain types of problems … can be solved efficiently only with the use of machines exhibiting a … self-organizing capability" (Yovits 1960, v–vi). Für die erste Konferenz innerhalb der Tagungsreihe am 5. und 6. Mai 1959 hatte man Foerster gebeten, sein theoretisches Verständnis von ‚Selbstorganisation' zu erläutern.

Foersters Vortrag hatte drei Teile (Foerster 1993b). In einem ersten Schritt trug er die These vor, dass selbstorganisierende Systeme nur dann überhaupt vorstellbar seien, wenn man sie als in einer Umwelt befindliche und offene, d.h. als mit dieser Umwelt in direktem Austausch stehende Systeme begreife. Foerster untermauerte dieses Postulat einer notwendigen Umwelt, in dem er in die Rolle möglicher Zweifler schlüpfte und als naiver Thermodynamiker (‚Selbstorganisation steht im Widerspruch zum zweiten thermodynamischen Hauptsatz!') bzw. überzeugter Solipsisten (‚Von (m)einer Umwelt kann ich nichts wissen!') die Absurdität beider Positionen vorführte. Im mittleren Teil seines Vortrags beschäftigte sich Foerster dann mit zwei Problemen, die sich notwendigerweise aus der Annahme einer externen Umwelt ergeben. So wies Foerster erstens daraufhin, dass die Definition der Grenze eines Systems Schwierigkeiten bereiten könne. Weil man die Unterscheidung zwischen System und Umwelt stets treffen müsse, bevor man das System untersuche, könne sich im Nachhinein herausstellen, dass der untersuchte Bereich gar keine selbstorganisierenden Eigenschaften aufweise und man die Grenze neu ziehen müsse.[3] Zweitens widmete sich Foerster der Frage, wie und mit welchem Maß man die Zunahme von Ordnung innerhalb eines Systems überhaupt messen könne. Zu diesem Zweck bezog er sich auf Claude Shannon und legte dessen Informationstheorie wie eine Schablone auf das Problem der Selbstorganisation. Es gebe, so Foerster, grundsätzlich zwei denkbare Wege der Ordnungszunahme innerhalb eines Systems. Entweder könne die aktuelle Entropie eines Systems (also die Wahrscheinlichkeit mit der Elemente eines Systems Beziehungen zueinander eingehen können) sinken, während die maximale Entropie des Systems (d.h. die Gesamtmenge der Beziehungen aller Elemente, wenn diese ohne Einschränkungen Beziehungen eingehen können) gleich bleibe, oder aber es könne die maximale Entropie bei

3 Foerster vergleicht diese Situation mit der schwierigen Lokalisierung von funktionalen Bereichen im Gehirn (Foerster 1993b, 218).

konstanter aktueller Entropie steigen.[4] In Anlehnung an Maxwell sprach Foerster von einem inneren und einem äußeren Dämon, als die man sich diese zwei Mechanismen vorstellen könne. Während der innere Dämon die Auftrittswahrscheinlichkeit von Verbindungen der Elemente untereinander beeinflusse, sei der äußere Dämon für das Hinzufügen oder die Wegnahme von Systemelementen zuständig.[5] Wichtig war Foerster dabei die Vorstellung, dass beide Dämonen miteinander kooperieren können, und sprach von einer „entropischen Koppelung" beider Mechanismen (ebd., 224).

Im abschließenden dritten Teil seines Vortrags bemühte sich Foerster nun um eine Antwort auf die Frage, unter welchen *energetischen* Bedingungen diese entropische Koppelung funktionieren könne, um den Organisationsgrad eines Systems zu erhöhen – eine Frage mit der sich Shannon in seiner Informationstheorie nicht befasst hatte. Zunächst stimmte Foerster dabei Schrödinger zu, der in seiner Schrift *Was ist Leben?* bereits zwei mögliche Prinzipien ins Spiel gebracht hatte: Ordnung aus Unordnung und Ordnung aus Ordnung (Aufnahme „negativer Entropie" wie z.B. Nahrung aus der Umwelt, vgl. Schrödinger 2011, 102–103). Foerster aber sah noch einen dritten Mechanismus am Werke, den er „Ordnung durch Störung" nannte:

> In meinem Gasthaus ernähren sich daher selbst-organisierende Systeme nicht nur von Ordnung, für sie stehen auch Störungen auf der Speisekarte. (Foerster 1993b, 225)

Foerster veranschaulichte sein Prinzip mit der allegorischen Maschine einer endlichen Menge von Würfeln, die in seinem Modell den Platz der Systemelemente einnahmen und auf deren Seiten magnetisierte Metallplättchen klebten. Dabei solle das Magnetfeld der Plättchen jeweils vertikal zur Oberfläche ausgerichtet sein, sodass die Plättchen ihren Nordpol auf der einen und ihren Südpol auf der anderen Seite hatten. So konnten sich seine Zuhörer genau zehn verschiedene Familien von Würfeln mit

4 Bekanntlich hat Shannon den Unterschied zwischen aktueller und maximaler Entropie am Beispiel der englischen Sprache veranschaulicht, um ein Maß für die Komprimierbarkeit (Redundanz) von Nachrichten festzulegen. Die *maximale* Entropie der englischen Sprache bezeichnet demnach die Summe der Kombinationsmöglichkeiten aller zur Verfügung stehenden Buchstaben, wenn diese keinen bestimmten Regeln unterliegen. Die *aktuelle* Entropie der englischen Sprache bezeichnet die Kombinationsmöglichkeiten unter Berücksichtigung syntaktischer Regeln und dem wahrscheinlichen Auftreten bestimmter Kombinationen wie ‚sh' oder ‚th' (vgl. Shannon 2003).

5 Übertragen auf Shannons Beispiel würde also der innere Dämon die Regeln für die Auftrittswahrscheinlichkeit von Buchstaben manipulieren, während der äußere Dämon das Alphabet erweitern oder einschränken könnte.

unterschiedlichen Eigenschaften vorstellen: „Je nachdem nun, welche Seiten der Würfel den magnetischen Nordpol nach außen gerichtet aufweisen, kann man genau zehn verschiedene Familien von Würfeln herstellen" (Würfel mit sechs Seiten mit Nordpol nach außen, Würfel mit fünf Seiten mit Nordpol und eine mit Südpol nach außen usw., Foerster 1993b, 225). Neben diesen zehn Würfelfamilien beinhaltete das Modell „eine große Kiste voller kleiner Glaskiesel, so dass die Würfel sich unter Reibung darauf bewegen, wenn man die Kiste schüttelt" (Ebd.).

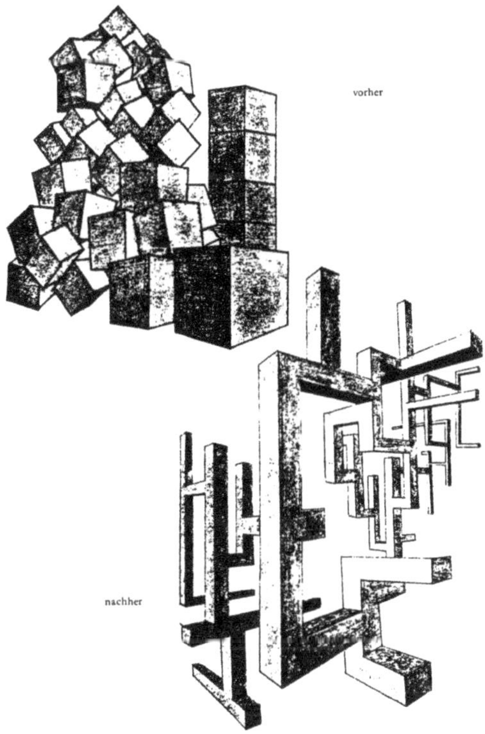

Abb. 3: Aus Störung wird Ordnung, Zeichnung von Gordon Pask, um 1960

Foerster ließ nun seine Maschine in der Vorstellung seiner Zuhörer in mehreren Durchgangen ‚ablaufen', wobei er jeweils andere Zusammensetzungen der Würfelfamilien wählte und die Ergebnisse des zweiten und dritten Durchgangs durch eine Zeichnung – ebenfalls gezeichnet von Pask – veranschaulichte (Abb. 3):

> Nehmen wir nun an, dass ich eine große Menge von Würfeln nehme, z.B. der Familie I, bei denen auf allen Flächen der Nordpol nach

> außen gerichtet ist ... Sicherlich wird nichts besonders Aufregendes geschehen: da die Würfel sich alle gegenseitig abstoßen, werden sie sich im verfügbaren Raum so verteilen, dass kein Würfel einem anderen zu nahe kommt. Wenn beim Hineinlegen der Würfel in die Kiste kein besonderes Ordnungsprinzip beachtet wird, bleibt die Entropie des Systems konstant oder wird im schlimmsten Fall geringfügig zunehmen. Um dieses Spielchen noch etwas amüsanter zu machen, wollen wir annehmen, dass ich eine Menge von Würfeln zusammenstelle, die nur noch zur Hälfte zur Familie I ... gehören, zur Hälfte jedoch zur Familie II ..., die dadurch charakterisiert ist, dass nur eine Fläche eine von allen anderen Flächen verschiedene, nach außen gerichtete Magnetisierung aufweist. Wird diese Menge in meine Kiste gelegt und von mir geschüttelt, werden sich alle die Würfel mit dem einen abweichenden, nach außen gerichteten Pol mit überwältigender Wahrscheinlichkeit mit Mitgliedern der anderen Familie verbinden, bis fast alle Würfel gepaart sind. Da die bedingten Wahrscheinlichkeiten für ein Mitglied der Familie I, ein Mitglied der Familie II zu finden, stark zugenommen haben, hat sich die Entropie des Systems vermindert, und wir haben daher nach dem Schütteln mehr Ordnung als zuvor. (Foerster 1993b, 225–227)

Ein dritter Durchlauf des Gedankenexperimentes wurde nun mit Würfeln durchgeführt...

> ... die durch entgegengesetzte Polarisierung der zwei Paare jener drei Flächen gekennzeichnet ist, die an zwei gegenüberliegenden Ecken zusammentreffen. Ich gebe diese Würfel in meine Kiste, und Sie schütteln sie. Nach einiger Zeit öffnen wir die Kiste, und statt eines Haufens von Würfeln, die irgendwie in der Schachtel übereinander liegen ... findet sich, auch wenn Sie Ihren Augen kaum trauen, ein unglaublich geordnetes Gefüge, das sich meiner Meinung nach als durchaus geeignet erweisen könnte, in einer Ausstellung surrealistischer Kunstwerke präsentiert zu werden ... Ich hoffe, mit diesem Beispiel mein Prinzip ‚Ordnung durch Störung' hinreichend veranschaulicht zu haben, denn diesem System wurde keine Ordnung zugegeben, lediglich billige ungerichtete Energie; dank der kleinen Dämonen in der Kiste wurden aber nur jene Störelemente ausgewählt, die zur Vergrößerung der Ordnung des Systems beitrugen. (Foerster 1993b, 227–229)

In gewisser Hinsicht war es Foerster also selbst, der in seinem Modellexperiment sowohl für die ‚energetische' als auch für die ‚entropische

Kopplung' von System und Umwelt zuständig war. Einerseits sorgte er (bzw. sein Publikum) durch das Schütteln selbst für die billige ungerichtete Energie, welche den Selbstorganisationsprozess in Gang setzte. Indem er dem System in jedem Durchlauf neue Elemente (Würfel) hinzufügte und gleichzeitig deren Wahrscheinlichkeitsverteilung veränderte (durch die Wahl verschiedener Würfelfamilien mit unterschiedlichen Eigenschaften), erhöhte er andererseits die maximale Entropie bzw. verringerte die aktuelle Entropie seines Systems. Mit seinen zwei Dämonen, so hat es Bernard Dotzler treffend formuliert, „hat [der Magier] damit aus seinem Hut nur hervorgezaubert, was zuvor künstlich hineingesteckt worden ist" (Dotzler 1995, 143). Trotzdem vermied Foerster es, seine eigene Tätigkeit als Würfelspieler zu thematisieren und wollte auch seine Dämonen nicht als personifizierte Handlungsträger verstanden wissen. Man müsse es sich vielmehr so vorstellen, dass die Dämonen „zusammen mit den Elementen unserer Systeme erzeugt werden, d.h. in immanenten Struktureigenschaften dieser Elemente gegeben sind" (Foerster 1993b, 229). Sie gehen, so könnte man es auch formulieren, aus der Verhaltensweise konkreter materieller Elemente mit bestimmten Eigenschaften hervor. Genau darin aber lag die notwendige Verbindung Foersters Selbstorganisationstheorie und ihrer Modellierung begründet. Das eigentlich ungreifbare Phänomen der Selbstorganisation wurde überhaupt erst im Vollzug dynamischer Modelle greifbar.

Und Foerster veranschaulichte mit seinem Modellversuch mehr als nur sein Ordnung durch Störung-Prinzip. In seinen bemerkenswerten Schlussworten wies er daraufhin, dass die Beschreibung eines bestimmten Verhaltens als Selbstorganisation letztlich vom Wissen des Beobachters abhänge. So gestand er zwar ein, dass er mit seinen Würfelspielen einen „fast trivialen Fall" dargestellt habe (ebd.). Dies läge aber nur daran, dass er seinen Zuhörern den „Kunstgriff mit den magnetischen Oberflächen" verraten habe (ebd.). Von Selbstorganisation, so fügte Foerster hinzu, könne man also dann sprechen, wenn die dabei wirksamen Mechanismen unbekannt seien. Dies sei aber der Regelfall, etwa in der Beschäftigung mit der Reorganisation von Zellen in der Biologie. Das Unwissen über die immanenten Struktureigenschaften und Funktionalitäten sei es, die dafür sorgten, „dass selbst-organisierende Systeme nach wie vor wundersame Dinge bleiben" (ebd.).

Man kann Foersters bemerkenswerten Schlusskommentar als die genaue Umkehrung jener Geste interpretieren, mit der Zauberer am Ende ihrer Vorführung manchmal ihre Tricks offenlegen. Aufklärer und Antispiritisten wie Houdini zielten darauf, ihrem Publikum so die verborgene Profanität und naturwissenschaftliche Erklärbarkeit vermeintlich magischer Momente nachzuliefern. Mit seiner Bitte, die bereits vorweggenommene Erklärung seines Tricks – das imaginäre Anbringen der magnetisierten Oberflächen – für einen Moment wieder zu vergessen, wollte Foerster das genaue Gegenteil erreichen und auf den ‚Zauber' biologischer Phänomene hinweisen: In der Unwissenheit eines Publikums, welches diese ‚wundersamen Dinge' trotzdem oder gerade wegen seiner eingeschränkten Perspektive zu verstehen versucht, erkannte Foerster die prototypische Situation aller Wissenschaften.

Von der Magie zur Systemie

Hinter Foersters Rolle als zaubernder Wissenschaftler bzw. Wissen schaffender Zauberer verbarg sich also mehr als nur ein ausgeprägter Hang zur Selbstinszenierung. In letzter Konsequenz lief sein Hinweis auf die konstitutive Rolle von Nichtwissen auf die grundsätzliche Infragestellung einer eindeutigen Grenze zwischen Magie und Wissenschaft hinaus. In diesem Sinne stellte die Kybernetik – und später die Systemtheorie – für ihn nichts anderes als den Versuch dar, eine Denkweise an der Grenze zwischen Wissen und Nichtwissen zu rehabilitieren, wie sie vor der Entstehung der modernen Naturwissenschaften praktiziert wurde: „Darum", so Dirk Baecker, „versteht Heinz sich nicht als Wissenschaftler, sondern als Magier, und zwar als Magier vom Schlage des Albertus Mag(n)us" (Baecker 2000).

Auch seinen neuen Kollegen an der University of Illinois verheimlichte Foerster diese Positionierung als wissenschaftlicher Grenzgänger nicht. Als nach der Gründung des BCL das Gerücht aufkam, dessen Direktor sei in seiner Jugend als Zauberkünstler aufgetreten, wurde Foerster von der *History of Science Society* gebeten, einen Vortrag zum Thema „The History of Magic" zu halten (Abb. 4, vgl. auch Foerster 1993c, 37).

Der Vortrag sollte im Rahmen einer öffentlichen Vortragsreihe stattfinden, welche die Gesellschaft im Herbst des Jahres 1961 an der Universität veranstaltete. Wie man tags darauf der Lokalpresse entnehmen konnte, beschäftigte sich Foerster in seinem Vortrag jedoch weniger mit der Geschichte der Magie, als mit dem aus seiner Sicht unklaren Verhältnis von vorwissenschaftlicher Magie und aufgeklärter Wissenschaft (Ebert 1961).[6]

6 Der Vortragstext wurde nie veröffentlicht, weshalb man sich bei seiner Rekonstruktion auf Berichte in der Lokalpresse sowie auf Foersters Vortragsnotizen verlassen muss, welche im Heinz von Foerster-Archiv am Institut für Zeitgeschichte der Universität Wien aufbewahrt werden (vgl. Foerster 1961).

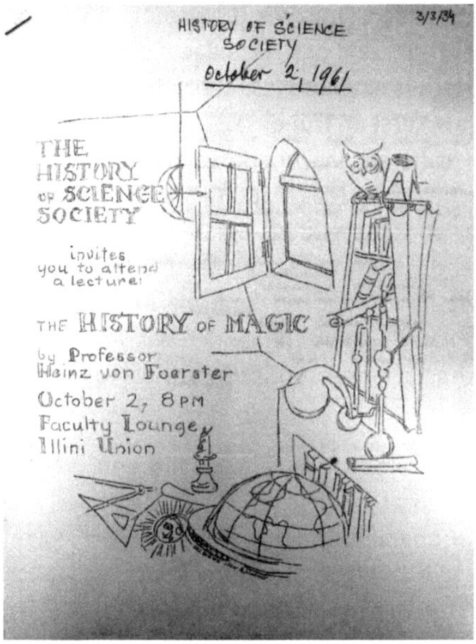

Abb. 4: Ankündigung eines Vortrags über die Geschichte der Zauberkunst von Heinz von Foerster, mit freundlicher Genehmigung des Heinz von Foerster-Archivs am Institut für Zeitgeschichte der Universität Wien

Magie, so schlug Foerster zunächst vor, könne man definieren als „a way of doing something right without knowing the causes" (Foerster 1961). Als Beispiel bemühte Foerster ein altes magisches Ritual, welches u.a. in der mittelalterlichen Wielandsage aus der germanischen Mythologie Erwähnung findet. Gemäß dieser Überlieferung habe der Schmied Wieland in einem Wettbewerb das mächtigste Schwert geschmiedet und wurde als Belohnung an den königlichen Hof berufen. Der Legende nach sei dem Schmied sein Meisterwerk durch einen kuriosen Trick gelungen: Wieland habe Eisen in Späne gemahlen, diese in kleine Teigklumpen gesteckt und an seine Gänse verfüttert. Nachdem die Späne den Verdauungstrakt der Tiere wieder verlassen hätten, habe er die Prozedur zwölfmal wiederholt. Nach der dreizehnten Wiederholung habe er die Späne schließlich eingeschmolzen und daraus ein Schwert geschmiedet. Über mehrere Jahrhunderte hinweg, so Foerster, sei die Geschichte dieses altertümlichen Rituals weitergetragen worden. Erst im Jahr 1932 habe ein deutscher Wissenschaftler die Methode des Schmieds wiederholt und überprüft. Tatsächlich sei das aus der Prozedur hervorgegangene Material wesentlich stärker und weniger zerbrechlich gewesen als anderes Metall. Im Magen der Tiere sei dem Eisen bei jedem Verdauungsdurchgang eine kleine Menge

Stickstoff hinzugefügt worden. Dreizehn Durchgänge hätten den Stickstoffanteil um 0,7 Prozent erhöht und das Eisen damit gehärtet. Während man diese Praktik des Nitrierens als wissenschaftlich fundiertes Verfahren in der Stahlherstellung also erst im frühen 20. Jahrhunderts wirklich habe erklären können,[7] sei es bereits Jahrhunderte zuvor angewendet worden. Die für Foerster entscheidende Frage lautete deshalb: „How did the ancient black smith know that his ‚superstitious practice' would make his sword stronger?" (zit. nach ebd.). Seine Antwort lieferte er gleich hinterher: „...he knew that it was magic – and it worked. That was enough for him" (zit. nach ebd.). Die Magie sei an die Stelle des fehlenden Wissens getreten und habe den Erfolg des kuriosen Verfahrens für seinen Anwender damit hinreichend erklärt.

Für den Kybernetiker Foerster war es nun naheliegend, diese Situation als eine informationstheoretische zu beschreiben: „[Magic] is based upon the theories of probability and the more improbable a thing is, the more chance there is that it can be considered magic" (zit. nach Ebert 1961). Weil das Hervorgehen einer überlegenen Waffe aus einem so beliebig erscheinenden Verfahren wie dem Einsatz von Tiermägen für Wieland ein hoch unwahrscheinliches Ereignis darstellte, stieg die Wahrscheinlichkeit, dass er es durch die Annahme des Faktors Magie erklärte: „[A]ncient peoples", so der zur Quantifizierung neigende Physiker weiter, „were convinced some tricks or predictions were magic if accomplished in the face of 5 to 1 odds against them happening" (zit. nach ebd.). Zu der Erkenntnis, dass die Erwartung eines bestimmten Ereignisses immer von dem jeweiligen Wissensstand des Beobachters abhängig ist, brauchte es dann nun nur noch einen kleinen gedanklicher Schritt. „Magic" verhalte sich stets „relative to knowledge", brachte er seine frühe konstruktivistische Ahnung auf den Punkt (Foerster 1961).

Viele Jahre nach seiner Emeritierung an der University of Illinois und nachdem er im Kontext deutschsprachiger System- und Medientheorie als post- bzw. nichtmoderner Denker wiederentdeckt worden war, hat Foerster noch einmal sein Verständnis von Kybernetik und Systemtheorie als zeitgenössische Formen magischen Denkens dargelegt (Foerster 1999). So erklärte er im Rahmen eines Vortrags am 6. Juni 1994 an der *Universität Frankfurt*, dass sich hinter dem Begriff des ‚Systems' ein radikaler Gegenentwurf zu den modernen Naturwissenschaften verberge. Wie bereits die etymologischen Wurzeln des Wortes *science* (abgeleitet von der lateinischen Silbe ‚sci') verrieten, zielten die Naturwissenschaften auf das „Trennen und

7 Zur modernen Geschichte dieses Verfahrens siehe Spies 2004.

Separieren" von Dingen, um Wissen von Nichtwissen zu unterscheiden (ebd.). Seit Mitte des 20. Jahrhunderts gebe es aber das große Bedürfnis nach einer Vereinigung und Integration von nur scheinbar getrennten Sachverhalten und Phänomenen. Der Begriff ‚System' habe sich dabei angeboten, weil dessen griechische Wurzel ‚syn' die Aktivität des Vereinens, Verbindens und Vereinheitlichens bezeichne. Entsprechend bemühe sich die System-Theorie um ein „Denken im Zusammenhang, im Kontext" (ebd.). Sie begreife die „Unwissbarkeit" als einen konstitutiven Teil ihrer Epistemologie und könne vor allem deshalb als eine Rehabilitierung des vormodernen magischen Denkens verstanden werden:

> Früher, als dieses Zusammendenken eine ganz wesentliche Funktion des Menschseins war, haben die nicht das griechische Wort benützt, denn das griechische Wort [System] war noch gar nicht populär. Das waren die Babylonier, das waren die Ägypter ... die haben das ‚Magie' genannt. Die haben das nicht ‚Systemie', die haben das Magie genannt. Die Basis der Magie ist das Zusammendenken von Dingen. (Foerster 1999)

Aus wissenschaftshistorischer Sicht lässt Foersters verkürzte, aber zugegebenermaßen effektvolle These einer Wiederkehr magischen Denkens in Form der Systemtheorie natürlich viele Fragen offen. Der, tatsächlich bereits in der zweiten Hälfte des 19. Jahrhunderts einsetzende, Versuch, den Naturwissenschaften ihren ursprünglichen ‚Zauber' zurückzugeben, hat eine ganz eigene und durchaus problembehaftete (Kultur-)geschichte (vgl. Harrington 2002). In ihrem Fahrwasser müssen sich auch die Kybernetik und die Systemtheorie verorten lassen. An dieser Stelle soll es jedoch nicht darum gehen, Foersters holistischen Denkstil als Bestandteil eines spezifischen diskursiven Formationssystems zu identifizieren oder seinem Denken eine gegenmoderne Ideologie zu unterstellen. Für die Fragestellung dieses Beitrags ist vielmehr interessant, dass auch Foersters Darstellung seines ‚magischen' Wissenschaftsverständnisses auf Nichtwissen setzt und gerade deshalb Raum für die Evidenzproduktion auf Seiten seiner Zuhörer lässt. Seine Rhetorik der Auslassung und des Verbergens erzeugt ein spezifisches Wissen von Kybernetik und Systemtheorie als „Einheitswissenschaften", welches sich erst durch die Proliferation dieser „Illusion der Kybernetik" selbst affirmiert und stabilisiert (Pias 2002, 10).

Die Sache mit dem Blumenstrauß

In den 1980er Jahren wurde Foerster regelmäßig von seinem Alterssitz Pescadero in Kalifornien zu Vorträgen nach Europa eingeladen. Dies geschah vor allem deshalb, weil in der ersten Hälfte des Jahrzehnts gleich mehrere einflussreiche Autoren seine Texte im deutschsprachigen Diskursraum bekannt machten und damit eine breite Foerster-Rezeption im Kontext postmoderner Theoriebildung auslösten. So stellte der Philosoph und Familientherapeut Paul Watzlawick Foersters Werk früh einem großem Publikum vor und etablierte ihn als einen zentralen Denker des radikalen Konstruktivismus sowie der im Entstehen begriffenen Systemischen Therapie (Watzlawick 2013, Watzlawick 2014).[8] Einen großen Anteil an der Foerster-Rezeption hatte außerdem Niklas Luhmann, der viele Denkfiguren des Kybernetikers in seine soziologische Systemtheorie übernahm und ihn in seinem im Jahr 1984 erschienenen Hauptwerk *Soziale Systeme* mehrfach und an prominenter Stelle zitierte (Luhmann 1984).[9] Die wahrscheinlich bedeutsamste Rolle bei der Rezeption von Foersters Texten kam jedoch dem Germanisten Siegfried J. Schmidt zu, der wie Luhmann bereits seit den frühen 1970er Jahren mit den Texten der zweiten kybernetischen Welle vertraut war. Indem er die systemtheoretischen Überlegungen von Foerster und anderen Autoren wie Humberto Maturana für seine Kommunikationstheorie fruchtbar machte, leistete Schmidt einerseits für die Literatur- und Kommunikationswissenschaft das, was Luhmann parallel für die Soziologie leistete (Schmidt 2003). Andererseits bemühte sich Schmidt gemeinsam mit dem Sprachwissenschaftler Wolfram Karl Köck um die deutsche Übersetzung und Wiederveröffentlichung zentraler Aufsätze von Maturana und Foerster in verschiedenen Sammelbänden, die in hoher Auflage erschienen (Maturana 1982, Foerster 1985, Foerster 1993a). Im Kontext dieser neuen Zirkulation von Foersters Texten, wurde dieser schließlich auch von einer nach neuen „Stichwortgebern" dürstenden Berliner Postmoderne (Felsch 2015, 190) wahrgenommen und im Kontext von Medienkunst und Medienwissenschaft diskutiert (vgl. ARS ELCTRONICA 1988). Der Künstler und Medientheoretiker Peter Weibel, dem Foersters Texte ebenfalls bereits seit langem geläufig waren, empfahl dem Merve Verlag Anfang der 1990er Jahre die Veröffentlichung eines Sammelbandes mit Foersters autobiographisch angelegten Aufsätzen (Foerster 1993c). Spätestens mit diesem unter dem Titel „KybernEthik" erschienenen Buch

8 Zur Rezeption des Konstruktivismus in der systemischen Therapie vgl. auch Levold 2015.

9 Zum Einfluss, den Foersters Texte auf Luhmanns Systemtheorie ausübten, vgl. auch Clarke 2011.

setzte jene Historisierungsbewegung ein, zu der Foerster selbst noch mit vielen Interviews und aufgezeichneten Erinnerungen beitragen konnte (siehe oben). Zwei Festschriften in den Jahren 1991 und 1997 (Watzlawick und Krieg 2008; Müller, Müller und Stadler 1997) sowie die Wiederveröffentlichung der Protokolle der *Macy*-Konferenzen im Jahr 2003 durch Claus Pias sollten Foersters Rolle als deutschsprachiger Zeitzeuge der amerikanischen Kybernetik weiter verfestigen (Pias 2003).[10]

Auch im Zuge dieser letzten Neuerfindung als postmoderner Redner, konstruktivistischer Denker und Person der Kybernetikgeschichte spielte Foerster regelmäßig mit der Rolle des Zauberers. So berichtete er beispielweise den staunenden Veranstaltern der Tagung *Interface II* an der Hamburger *Hochschule für Musik und Theater* am 5. Februar 1993, dass er geradewegs von der Feier zu Niklas Luhmanns 65. Geburtstag komme. Zur Überraschung der dort versammelten Soziologen – „allesamt in braunen Anzügen" – sei er, Foerster, nach seinem Vortrag unvermittelt auf Luhmann zugegangen und habe in letzter Sekunde einen bunten Blumenstrauß aus seiner Jackettasche hervorgezaubert (Warnke und Coy 2015).[11] Aber auch im Fall dieser Anekdote bestand der eigentliche Trick natürlich nicht in der Erscheinung eines Blumenstraußes, sondern in Foersters Spekulation auf das Nichtwissen seiner Zuhörer. Gemeinsam mit ihnen schuf er das Selbstbild eines nichtkonformistischen Denkers und zauberhaften Wissenschaftlers. Deutlich wird dies, wenn man Foersters Bericht mit den eher grauen Erinnerungen eines Augenzeugen vergleicht. In der Tat, so erinnert sich der wahrscheinlich einzige Geburtstagsgast ohne braunen Anzug, habe Foerster Luhmann einen Blumenstrauß aus Holz oder einem ähnlichen ungewöhnlichen Material überreicht und „er war sehr charmant", aber „gezaubert im wörtlichen Sinn hat er wohl eher nicht" (Gumbrecht 2015).

In der Kybernetik hat Foersters Selbstverständnis als ein zaubernder Wissenschaftler, der mit Auslassungen operiert und Evidenz durch Nichtwissen evoziert, indes eine verwandte Epistemologie gefunden. Denn bekanntlich definierte sich diese im Kern durch die ständige Gegenüberstellung von Wissen (über das äußere Verhalten eines Systems) und Unwissen (über dessen inneren Mechanismus). Es war die bewusste Ausblendung der inneren Funktionalität, welche es erlaubte, ‚jedes'

10 Für die freundliche Hilfe bei der Rekonstruktion der Rezeptionsgeschichte Foersters danke ich Albert Müller (Universität Wien).

11 Ursprünglich erschienen in der Zeitschrift *Teoria Sociologica*, wurde Foersters Geburtstagsvortrag „Für Niklas Luhmann: Wie rekursiv ist Kommunikation" kürzlich in einem Sammelband von Philipp von Hilgers und Ana Ofak wieder veröffentlicht (Foerster 2010b).

Objekt, egal ob Organismus oder Maschine, als Input-Output-Relation zu beschreiben (Rosenblueth et al. 2004). Im Gegensatz zum klassischen Behaviorismus sollte diese Ausblendung jedoch paradoxerweise die Aufmerksamkeit auf das Ausgeblendete richten und zur Spekulation über die innere Funktionalität (z.B. den Feeback-Mechanismus) der ‚Maschine' anregen: Es war diese für die Kybernetik so konstitutive Verschachtelung von Außen- und Innenperspektive, welche sie in die Nähe von Zauberei und Magie bewegte. Und so macht es letztlich auch keinen Unterschied, ob die Anekdote zu Luhmanns zauberhaftem Geschenk wahr ist oder nicht. Wie die kybernetischen Maschinen lebt auch die Anekdote vom Nichtwissen ihres Publikums, so dass Evidenzen auf der Seite des Beobachters überhaupt erst entstehen können.

Für den Modellgebrauch dieser ‚zaubernden Kybernetik' ergibt sich durch die konstitutive Verschachtelung von Wissen und Nichtwissen aber eine grundsätzlich prekäre Situation. Einerseits sollten ihre Maschinen bestimmte kybernetische Prinzipien visualisieren und für ein Publikum erfahrbar machen, andererseits durften sie nicht zu viel über ihre innere Funktionalität preisgeben, um das ‚magische' und gerade deshalb epistemisch produktive Moment ihrer Vorführung aufrecht zu erhalten. Es scheint jedoch, als ob gerade diese komplexe Ausgangslage letztlich dazu beigetragen hat, dass Kybernetiker in den 1960er Jahren damit begannen, ihren eigenen Modellgebrauch stärker zu hinterfragen und den Beobachter als einen integralen Bestandteil kybernetischer Systeme zu reflektieren. So lässt sich abschließend festhalten, dass es sich bei der Kybernetik eben nicht nur um eine „Wissenschaft *der* Modelle" (Moles 1959) – im Sinne einer auf dem Einsatz von Modellen basierenden Wissenschaft –, sondern auch um eine Wissenschaft *von* Modellen gehandelt hat. Gemeint ist damit, dass Kybernetiker wie Foerster ihren eigenen Gebrauch von Modellen stets reflektiert und in ihren Theorien thematisiert haben, dass sie ihre eigenen Definitionsversuche des Modellbegriffs vorgenommen haben und sich der Mittelbarkeit ihrer Forschungsergebnisse durchaus bewusst waren. Kybernetik war im Kern eine methodisch reflektierte und erkenntniskritische Wissenschaft. Ihre medienhistorische Aufarbeitung darf sich daher nicht mit der Analyse der technischen Bedingtheit kybernetischer Forschungspraxis begnügen, sondern muss die theoretisierende und ihren eigenen Modellgebrauch kritisch reflektierende Seite der Kybernetik selbst ernst nehmen. Im besonderen Fall von Foerster und seinen Trickkisten waren es die eigenen Erfahrungen mit der Zauberkunst, die als Schablone für diese Reflexion wissenschaftlicher Modelle dienten.

Literatur

ARS ELECTRONICA, Hg. 1988. *Jean Baudrillard, Hannes Böhringer, Vilém Flusser, Heinz von Foerster, Friedrich Kittler, Peter Weibel: Philosophien der neuen Technologie*. Berlin: Merve Verlag.

Baecker, Dirk. 2000. „Das Auge des Kojoten: Besuche bei einem Magier." In *Heinz von Foerster Festschrift*, hg. von Monika Broecker und Alexander Riegler, http://www.univie.ac.at/constructivism/HvF/festschrift/baecker_de.html. Zuletzt abgerufen am 08.09.2015.

Chadarevian, Soraya und Nick Hopwood. 2004. „Dimensions of Modelling." In *Models: The Third Dimension of Science*, hg. von Soraya Chadarevian und Nick Hopwood, 1–15. Stanford: Stanford University Press.

Clarke, Bruce. 2009. „Heinz von Foerster's Demons: The Emergence of Second Order-Systems Theory." In *Emergence and Embodiment: New Essays on Second-Order Systems Theory*, hg. von Bruce Clarke und Mark Hansen, 34–61. Durham und London: Duke University Press.

———. 2011. „Heinz von Foerster and Niklas Luhmann: The Cybernetics of Social Systems Theory." *Cybernetics and Human Knowing* 18 (3–4): 95–99.

Dupuy, Jean-Pierre. 2005. „Henri Atlan." In *The Columbia History of Twentieth-Century French Thought*, hg. von Laurence D. Kritzman, 393–396. New York: Columbia University Press.

Dotzler, Bernhard. 1995. „Kybernetik der Dämonen: Zur Offenbarung der vernünftigen Geisterwelt." In *Phantasma und Phantome: Gestalten des Unheimlichen in Kunst und Psychoanalyse*, hg. von Georg C. Tholen, Martin Sturm und Rainer Zendron, 136–143. Linz: Offenes Kulturhaus.

Ebert, Roger. 1961. „Scientist Says Science Replaces an Early Reliance on Magic." *News-Gazette Champaign Urbana,* Oct 3rd. 1961, o.S., Heinz von Foerster-Archiv Wien, DO933/3/Vorträge 1960–61.

Felsch, Philipp. 2015. *Der lange Sommer der Theorie: Geschichte einer Revolte 1960–1990*. München: CH Beck.

Foerster, Heinz von. 1958. Brief an H. F. Gregors (OSR, USAF), 28. März, University of Illinois Archives, 11/6/17, Box 3, Mappe „Correspondence, 1955–1959".

———. 1961. „History of Magic." unv. Vortragsnotizen, o.S., Heinz von Foerster Archiv Wien, DO933/3/Vorträge 1960–61.

———. [2]1984 ([1]1981). *Observing Systems*. Seaside, CA: Intersystems Publications.

———. 1985. *Sicht und Einsicht: Versuche zu einer operativen Erkenntnistheorie*. Autorisierte Deutsche Fassung von Wolfram K. Köck. Braunschweig/Wiesbaden: Friedr. Vieweg & Sohn.

———. 1993a (ND 2006). *Wissen und Gewissen: Versuch einer Brücke*, hg. von Siegfried J. Schmidt. Übers. aus dem Amerikanischen von Wolfram K. Köck, Frankfurt/M.: Suhrkamp.

———. 1993b. „Über selbst-organisierende Systeme und ihre Umwelten." In *Wissen und Gewissen. Versuch einer Brücke*, hg. von Siegfried J. Schmidt, 211–232. Frankfurt/M.: Suhrkamp.

———. 1993c. *KybernEthik*. Berlin: Merve.

———. 1993d. „Magic and Cybernetics." In *Vertreibung der Vernunft. The Cultural Exodus from Austria*, hg. von Friedrich Stadler und Peter Weibel, 327–332. Wien: Löcker.

———. 1999. „Über Bewusstsein, Gedächtnis, Sprache, Magie und andere unbegreifliche Alltäglichkeiten." In *2X2=Grün: Heinz von Foerster.* Audio CD. hg. von Klaus Sande. Köln: Supposé.

———. 2004. „Erinnerungen an die Macy-Konferenzen und die Gründung des Biological Computer Laboratory." In *Kybernetik: Die Macy-Konferenzen 1946–1953. Vol II: Essays und Dokumente*, hg. von Claus Pias, 9–64. Zürich: Diaphanes.

Foerster, Heinz von, Albert Müller und Karl Müller. [3]2008 ([1]2002). *Der Anfang von Himmel und Erde hat keinen Namen: Eine Selbsterschaffung in sieben Tagen*. Berlin: Kadmos (urspr. Wien: Döcker 1997).

Foerster, Heinz von und Ernst von Glasersfeld. [4]2010 ([1]1999). *Wie wir uns erfinden: Eine Autobiographie des radikalen Konstruktivismus*. Heidelberg: Carl Auer.

Foerster, Heinz von. 2010b. „Für Niklas Luhmann: Wie rekursiv ist Kommunikation." In *Rekursionen: Von Faltungen des Wissens*, hg. von Ana Ofak und Philipp von Hilgers, 25–46. München: Fink (urspr. in: *Teoria Sociologica* 1 (1993), Heft 2, 61–88).

———. 2011. „Das Gedächtnis: Eine quantenmechanische Untersuchung." In *Radikaler Konstruktivismus aus Wien,* hg. von Heinz von Foerster, Albert Müller und Karl Müller, 51–105. Weitra: Bibliothek der Provinz (urspr. Wien: Deuticke 1948).

Foerster, Heinz von und Bernhard Pörksen. [10]2013 ([1]1998). *Wahrheit ist die Erfindung eines Lügners: Gespräche für Skeptiker*. Heidelberg: Carl Auer.

Foerster, Heinz und Monika Bröcker. [3]2014 ([1]2002). *Teil der Welt: Fraktale einer Ethik – oder Heinz von Foersters Tanz mit der Welt*. Heidelberg: Carl Auer.

Grumbrecht, Hans-Ulrich. 2015. E-Mail an Wolfgang Hagen und Jan Müggenburg vom 26.08.2015.

Harrington, Anne. 2002. *Die Suche nach Ganzheit: Die Geschichte biologisch-psychologische Ganzheitslehren, vom Kaiserreich bis zur New Age-Bewegung*. Hamburg: Reinbek.

Heims, Steve Joshua. 1991. *Constructing a Social Science for Postwar America: The Cybernetics Group*. Cambridge, MA: MIT Press.

Hochadel, Oliver. 2005. „Vom Wunderwerk zur Aufklärungsschrift: Die Wandlungen der Magia naturalis des Johann Nikolaus Martius im 18. Jahrhundert." In *Physica et historia. Festschrift für Andreas Kleinert zum 65. Geburtstag*, hg. von Susan Splinter, Sybille Gerstengarbe, Horst Remane und Benno Parthier, 233–241. Stuttgart: Wissenschaftliche Verlagsgesellschaft.

Keller, Evelyn Fox. 2000. „Models of and Models for: Theory and Practice in Contemporary Biology." *Philosophy of Science* 67: 72–86.

Kline, Ronald R. 2015. *The Cybernetics Moment: Or why we Call our Age the Information Age*. Baltimore: Johns Hopkins University Press.

Kroge, Harry von. 1998. *GEMA – BERLIN: Geburtsstätte der deutschen aktiven Wasserschall- und Funkortungstechnik*. Hamburg: Lühmanndruck.

Latour, Bruno. 2000 (ND 2012). *Die Hoffnung der Pandora*. Frankfurt/M.: Suhrkamp.

Levold, Tom. [2]2015 ([1]2011). „Von der Behandlung zum Dialog: Der Konstruktivismus in der systemischen Therapie." In *Schlüsselwerke des Konstruktivismus*, hg. von Bernhard Pörksen, 473–494. Wiesbaden: Springer.

Luhmann, Niklas. 1984. *Soziale Systeme: Grundriss einer allgemeinen Theorie*. Frankfurt/M.: Suhrkamp.

Maturana, Humberto. 1982. *Erkennen: Die Organisation und Verkörperung von Wirklichkeit*. Autorisierte deutsche Fassung von Wolfram K. Köck. Braunschweig: Friedr. Vieweg & Sohn.

Moles, Abraham A.: „Die Kybernetik, eine Revolution in der Stille." In *Epoche Atom und Automation: Enzyklopädie des technischen Zeitalters, Bd. VII,* hg. von Albert Ludwig, Karl Breh und Walter Barbier, 7–11. Genf: Kister.

Morgan, Mary S. und Margaret Morrison. 1999. „Models as Mediating Instruments." In *Models as Mediators: Perspectives on Natural and Social Sciences*, hg. von Mary S. Morgan und Margaret Morrison, 10–37. Cambridge: Cambridge University Press.

Müggenburg, Jan, James A. Hutchinson und Paul Weston. 2008. „Kybernetik in Urbana: Ein Gespräch zwischen Paul Weston, Jan Müggenburg und James Andrew Hutchinson." *Österreichische Zeitschrift für Geschichtswissenschaften* 19 (4): 126–139.

Müggenburg, Jan. 2009. „Das 5-Dollar-Neuron: Von biologischen Rechnern und rechnenden Biologen." In *Informatik 2009: Im Focus das Leben – 39. GI-Jahrestagung*, hg. von Stefan Fischer, Erik Maehle und Rüdiger Reischuk, 810–824. Bonn: Gesellschaft für Informatik.

———. 2011. „Lebende Prototypen und lebhafte Artefakte: Die (Un-)Gewissheiten der Bionik." In *ilinx – Berliner Beiträge zur Kulturwissenschaft Nr.2: Mimesen*, hg. von Eva Johach, Jasmin Mersmann und Evke Rulffes, 1–21. Hamburg: Philo Fine Arts.

Müller, Albert, Karl Müller und Friedrich Stadler, Hg. 1997. *Konstruktivismus und Kognitionswissenschaft: kulturelle Wurzeln und Ergebnisse. Heinz von Foerster gewidmet.* Wien: Springer.

Müller, Albert. 2000. „Eine kurze Geschichte des BCL: Heinz von Foerster und das Biological Computer Laboratory." *Österreichische Zeitschrift für Geschichtswissenschaften* 11 (1): 9–30.

———. 2011. „Heinz von Foerster in und über Wien." In *Radikaler Konstruktivismus aus Wien*, hg. von Heinz von Foerster, Albert Müller und Karl Müller, 17–50. Weitra: Bibliothek der Provinz.

Pask, Gordon. 1979. „The Importance of Being Magic." In *Cybernetics Forum: The Publication of the American Society for Cybernetics* 9, 17–19.

Pias, Claus. 2002. „Die kybernetische Illusion." In *Medien in Medien*, hg. von Claudia Liebrand und Irmela Schneider. Köln: Dumont.

———. 2003. *Kybernetik: Die Macy-Konferenzen 1946–1953. Vol I: Protokolle.* Zürich: Diaphanes.

Rosenblueth, Arturo, Norbert Wiener und Julian Bigelow. 2004 (1943). „Behavior, Purpose and Teleology." In *Kybernetik: Die Macy-Konferenzen 1946–1953. Vol II: Essays und Dokumente*, hg. von Claus Pias, 327–332. Zürich: Diaphanes.

Schmidt, Siegfried J., Hg. [9]2003 ([1]1987). *Der Diskurs des radikalen Konstruktivismus.* Frankfurt/M.: Suhrkamp.

Schrödinger, Erwin. [11]2011 ([1]1987). *Was ist Leben? – Die lebende Zelle mit den Augen eines Physikers betrachte.* München: Piper (urspr. *What is Life: The Physical Aspects of the Living Cell*, Cambridge: University Press 1948).

Shannon, Claude E. 2003. „The Redundancy of English." In *Die Macy-Konferenzen 1946–1953. Vol I: Protokolle*, hg. von Claus Pias, 248–272. Zürich: Diaphanes.

Spies, H.-J. 2004. „Nitrieren im Spannungsfeld von Theorie und Praxis." *HTM Härtereitechnische Mitteilungen* 59/2: 78–87.

Warnke, Martin und Wolfgang Coy. E-Mail an Jan Müggenburg vom 25.08.2015.

Watson, Raymon C. 2009. *Radar Origins Worldwide: History of its Evolution in 13 Nations through World War II.* Victoria: Trafford.

Watzlawick, Paul und Peter Krieg, Hg. [2]2008 ([1]2002). *Das Auge des Betrachters: Beiträge zum Konstruktivismus. Festschrift für Heinz von Foerster.* Heidelberg: Carl Auer (urspr. München: Piper 1991).

Watzlawick, Paul. [7]2013 ([1]1981). *Die erfundene Wirklichkeit: Wie wir wissen, was wir zu wissen glauben? Beiträge zum Konstruktivismus.* München: Piper.

———. [14]2014 ([1]1992). *Einführung in den Konstruktivismus.* München: Piper (urspr. München: Oldenbourg Verlag 1985).

Weston, Paul. 2001. *MereTuna: Human Becoming – Becoming Human.* Festschrift for Heinz von Foerster. https://www.univie.ac.at/constructivism/HvF/festschrift/weston.html. Zuletzt abgerufen am 08.09.2015.

Wiegleb, Johann Christian und Gottfried Erich Rosenthal. 1779–1805. *Johann Nikolaus Martius: Unterricht in der natürlichen Magie, oder zu allerhand belustigenden und nützlichen Kunststücken*, 20 Bd. Berlin und Stettin: Ben Friedrich Nicolai (urspr. Martius, Johann Nikolaus. 1717. *Unterricht von der Magia naturali und derselben medicinischen Gebrauch auf magische Weise, wie auch bezauberte Dinge zu curiren*, Frankfurt und Leipzig).

Yovits, Marshall C. 1960. „Preface." In *Self-Organizing Systems: Proceedings of an Interdisciplinary Conference 5 and 6 May, 1959*, hg. von Marshall C. Yovits und Scott Cameron. New York: Pergamon Press.

[4]

Handlungsmächte und das Zaubern ohne Zauberer: Von der Beseelung der Dinge zum Ubiquitous Computing

Florian Sprenger

Die Dinge kommen in Bewegung. Unsere Umgebungen füllen sich, so scheint es, nahezu täglich mit Objekten, die nicht mehr passive, teilnahmslose Gegenstände aus harter Materie sind, sondern smart werden, vernetzt und intelligent, sensitiv und aufmerksam. Nicht nur unsere Smartphones, Kühlschränke, Autos und Zahnbürsten sollen heute oder morgen um ihren Ort, ihren Ölstand, ihre Reparaturbedürftigkeit oder den anstehenden Arztbesuch wissen, dies anderswo zu erkennen geben und selbsttätig Abhilfe schaffen. Mit den Möglichkeiten der Miniaturisierung, der Vernetzung und der Adressierung bzw. Lokalisierung von Computerchips sollen, so die Vision findiger Ingenieure seit den 1990er Jahren (vgl. Weiser 1991 sowie Gershenfeld, Krikorian und Cohen 2004), die Dinge in unseren Umgebungen allesamt smart werden, vom Smart Dust mikroskopischer Staubcomputer über das Smart Home mit allen Komforts bis zum Smart Grid unserer Stromnetze.

Neben der damit einhergehenden allgemeinen Transformation von Objekthaftigkeit, wie sie Erich Hörl im Anschluss an Gilbert Simondon beschrieben hat (vgl. Hörl 2011), neben der distribuierten Kognition, die für Katherine Hayles unser Selbstverständnis als denkende Subjekte verschieben wird (vgl. Hayles 2009), neben den „geographies of calculation" (Thrift 2004, 187), mit denen Nigel Thrift eine technische Durchdringung aller Räume kommen sieht, neben der von Mark Hansen beschriebenen Dezentrierung des Menschen als primärem Erkenntnis- und

Wahrnehmungsakteur der Welt (vgl. Hansen 2015), können diese Entwicklungen noch in einer weiteren Hinsicht als epochal verstanden werden: als Zauber ohne Zauberer.[1]

Werden die Dinge selbst als aktiv beschrieben, können sie als Handlungsträger und Akteure auftreten, die über jene Tricktechniken und Techniktricks verfügen, mit denen Dinge bislang von Zauberern verzaubert wurden – ob auf der Bühne oder im profanen Alltag. Dinge waren, folgt man Bruno Latour, schon immer aktiv und passiv zugleich. Als Hybride kann ihr Status, so die These aus *Wir sind nie modern gewesen*, nicht eindeutig in der für die Moderne konstitutiven Unterscheidung zwischen Menschen und Nicht-Menschen untergebracht werden. Spricht man ihnen Handlungsmacht zu, wie es gegenwärtig in den angeführten Debatten geschieht, versteht man sie also als gleichberechtigte Akteure, negiert man damit entsprechend den Status des Menschen als herausgehobenem Handlungsträger.

Doch anstatt die Konsequenzen dieser Annahmen zu durchdenken, soll es im Folgenden darum gehen, sowohl die entsprechenden theoretischen Ansätze als auch die im Hintergrund stehenden technischen Entwicklungen als Verkettung von Symptomen zu begreifen und nach ihrem historischen Ort in der Gegenwart zu fragen. Mit den smarten Objekten treten erstens Rechenkapazitäten und sensorische Vermögen in den Vordergrund, deren steigende Komplexität die Zuschreibung von Aktivität, d.h. von Intelligenz, Eigenständigkeit, Entscheidungsfähigkeit und Wahrnehmungsbedingungen beständig plausibler macht. Zweitens werden derartige technische Objekte in einer ungekannten Weise bis hin zum Internet der Dinge vernetzt und gelten damit als distribuierte Bestandteile eines globalen Zusammenhangs. Im Kontext dieser beiden Tendenzen wird den Objekten, wie ich im Folgenden zeigen möchte, in verschiedenen Kontexten und unterschiedlichen historischen Etappen eine Zauberkraft, gar eine auf dieser beruhende Beseelung zugesprochen.

Ingenieure und Entwickler tendieren seit einiger Zeit dazu, die Details ihrer technischen Objekte unsichtbar zu machen und in Black Boxes verschwinden zu lassen, um dem User die Illusion einer reibungsfreien Anwendung zu geben – einer zauberhaften Welt, wie sie prototypisch die Produkte von Apple und Google vorstellen. Sie erscheinen als magisch, weil die Eingriffe der Zauberer und die Netzwerke ihrer Abhängigkeiten

1 Während Magie als eine unpersönliche Kraft die Selbsttätigkeit der Dinge ermöglicht, basiert Zauberei auf der aktiven Rolle eines Zauberers, der Macht über die Dinge ausübt. Beide sind also eng miteinander verwandt, bilden aber doch unterschiedliche Verhältnisse ab.

unsichtbar werden und hinter Interfaces oder glatten Oberflächen verschwinden. Dass in den Black Boxes etwas anderes vorgeht, ahnen wir alle, doch lassen wir uns gerne verzaubern. Wenn nun jedoch nicht nur Gadgets und Devices, sondern allen Artefakten – von Kleidung über Zahnbürsten bis hin zu Möbeln – Chips und Sensoren eingepflanzt werden sollen, dann stehen wir nicht mehr vor Black Boxes, die wir nicht durchschauen können, sondern werden Teil von ihnen. Wir wissen oft nicht, was die Objekte um uns herum beständig tun, und vor allem wissen wir, selbst wenn wir in Nutzungsbedingungen eingewilligt haben, kaum, wann wir beobachtet werden. Unser Umgang mit den Oberflächen technischer Objekte, deren Inneres und deren Vernetzung verborgen werden, trägt zu diesen Zaubertricks bei, die eben jene Stellvertreter-Funktion verschwinden lassen, deren Verständnis für ein Leben in digitalen Kulturen zentral ist. Die Dinge erscheinen nicht mehr als passive Objekte, welche allein durch die Zauberkräfte souveräner menschlicher Subjekte zum Leben erweckt werden können, sondern selbst als des Zauberns mächtig.

Wenn die Technologien des Ubiquitous Computings und des Internets der Dinge, der Calm Technologies und des Pervasive Computings den genannten Autoren folgend allesamt zu einer Neuverteilung von Handlungsmacht führen, kategoriale Unterscheidungen aufzulösen beginnen und die Koevolution von Mensch und Technik vorantreiben, dann liegt im Kern dieser Entwicklung gleichwohl eine Veränderung der Beschreibung des Status von Dingen in der Welt. Diese Welt ist in den Worten des philosophisch geschulten Computerpioniers Mark Weiser „richly and invisibly interwoven with sensors, actuators, displays and computational elements, embedded seamlessly in the everyday objects of our lives, and connected through a continuous network“ (Weiser, Gold und Brown 1999, 694). Die Unterscheidung in technische und natürliche, aktive und passive Objekte kann in diesem Sinn obsolet erscheinen. Entsprechend ist es nicht verwunderlich, dass, um diesem Status Sorge zu tragen, in unterschiedlichen Kontexten von einem *enchantment of things*, einer Verzauberung oder gar Beseelung der Dinge gesprochen wird, um ihrer Handlungsmacht, Selbstbewegung und Smartness Rechnung zu tragen (vgl. Gold 1993, Rose 2014 sowie Kuniavsky 2007).

Die Seelen, mit denen die selbstbewegten Dinge im Kontext vitalistischen Denkens seit dem späten 19. Jahrhundert angereichert werden, die Zauberkräfte, die ihnen das 20. Jahrhundert einschreibt, und die magischen Energien, die sie noch im 21. Jahrhundert animieren, werden dort besonders deutlich, wo Dinge in Bewegung am unheimlichsten sind: zuhause. Der Geschichte dieser Selbstbeschreibungen, die sich als Diagnose ihrer jeweiligen technischen Gegenwart verstehen, gelten die folgenden Überlegungen. Sie skizzieren damit eine Parallele zu jenem von Spyros Papapetros für den Animismus des 19. Jahrhunderts beschriebenen „vital epistemic shift in the status of objects that occured during the turn of the previous century and has remained with us ever since“ (Papapetros 2012, VIII).

Oft und ausführlich beschrieben worden ist das Bedürfnis vieler Kulturen, Objekten magische Kräfte zuzusprechen.[2] Während dies mit dem Animismus, dem Totemismus und dem Spiritismus seit jeher eine grundlegende Herausforderung westlichen Denkens – und vielleicht das ihm eingeschriebene Andere – war, lässt sich mit der technischen Aufrüstung des 20. Jahrhunderts eine Eskalation magischer Objekte feststellen, die dieses Bedürfnis ansprechen und vielleicht sogar einlösen.[3] Sie vermögen, so scheint es, in die Ferne zu wirken, also dorthin, wo sie nicht sind. Oder sie bewegen sich von selbst. Oder sie wissen, wo sie sind und geben dieses Wissen weiter. Animierte Dinge verfügen, in anderen Worten, über eine Handlungsmacht und sind damit Akteure in einer Welt der Moderne, in der sie, der von Bruno Latour beschriebenen Verfassung zufolge, ausgeschlossen sein sollten, aber nie ganz ausgeschlossen werden können. Die Moderne produziert Latours Überlegungen zufolge beständig Objekte, die in ihrer dualistischen Verfassung nicht aufgehen. Die elektrischen Dinge, ihre vermeintliche Beseelung und die *smart objects* des Internets der Dinge sind das aktuelle Beispiel dafür, wie die Moderne, schenkt man den Gegenwartsdiagnosen der genannten Autoren Glauben, Dinge hervorbringt, die ihre Verfassung unterlaufen.

2 Die Differenzen zwischen diesen Diskursformationen können hier nicht hinreichend herausgearbeitet werden. Eine genauere historische Analyse sollte auf ihr Wechselverhältnis, die zugrundeliegenden Medientechniken und das Verhältnis von Zaubertricks und Magie abzielen. Vgl. zum aktuellen Stand der Debatte die Beiträge in Albers und Franke 2012, Hanstein, Höppner und Mangold 2012 sowie Hörl 2005.

3 Christian Voller und Gottfried Schnödl haben in eine ähnliche Richtung argumentiert, dass die gegenwärtige Faszination für Fetischismen und Animismen, in der die Rede von der Handlungsmacht der Dinge kulminiert, weniger eine Alternative zur Moderne darstelle, sondern diese vielmehr fortsetze. Wenn man nicht beachte, „dass die moderne Gesellschaft als kapitalistisch verfasste aus sich selbst heraus beständig Fetischismen produziert, die ihr rationalistisches Selbstverständnis konterkarieren“ (Voller und Schnödl, 161), verwechsle man Fetischismus mit Handlungsmacht: „Mit Marx lässt sich der Anschein lebendiger und unberechenbarer agency in der Technik so als Sonderform jenes fetischistischen Verhältnisses entschlüsseln, das den Menschen ihre eigene gesellschaftliche Bewegung als eine Bewegung von Sachen widerspiegelt, unter deren Kontrolle sie stehen“ (ebd., 170).

In drei kurzen Episoden – dem ersten elektrischen Haus, dem Film *The Electric House* von Buster Keaton und den Anfangstagen des Ubiquitous Computings – folgt dieser Aufsatz den Beschreibungen solcher Dinge. Die Herausforderung, der sich die zeitgenössischen Diagnosen jeweils gegenübersehen, lautet, angesichts der elektrischen, der elektronischen und der informatischen Aufrüstung eine Selbstbewegung der Dinge zu denken, die in ihrer Eigenständigkeit als fremde Intelligenz oder als Beseelung erscheinen kann. Die Herausforderung, die in den drei Beispielen bearbeitet wird, besteht darin, diese Eigenständigkeit mit den vorherrschenden Konzepten des Menschen als alleinigem oder zumindest herausragendem Handlungs-, Intelligenz- und Seelenträger zu integrieren. Es geht dabei jedoch nicht um jene für die Entwicklung des Spiritismus zentralen Medien der Kommunikation, die es erlauben, durch ihre Kapazitäten der Übertragung oder Speicherung Kontakt zu einer anderen Welt aufzunehmen, die Stimmen von Toten sprechen zu lassen oder unüberwindbar geglaubte Gräben zu überwinden. Es geht vielmehr um alltägliche Dinge, denen durch die technische Entwicklung ihre sie bis dato definierende Passivität und Weltlosigkeit abhanden kommt. Sie nehmen, wenn sie in verschiedenen Etappen der technischen Entwicklung in einen neuen Status der Medialität eintreten, nicht mehr spiritistisch mit einer Geisterwelt Kontakt auf, sondern gelten im „age of enchanted objects" (Rose 2014, 10) selbst als Inkorporationen einer Zauberkraft. Diese Zuschreibung verspricht zwar, ihren Status als Dinge zu klären, verdeckt aber die technischen Netzwerke, die kapitalistischen Produktionsweisen und die globalen Datensammlungen, auf deren Grundlage solche Zauberkräfte operieren.

Die Stellvertretung der Kontrolle und der Animismus der Gegenwart

Diese Aushandlung eines neuen Selbstverständnisses durch ein neues Verhältnis zur Technik und zu den Dingen ist eng verbunden mit der Herausbildung technischer Infrastrukturen, die es erlauben, Dinge kontinuierlich und in großer Menge zu bewegen, in die Ferne zu wirken, dort zu handeln, wo der Handelnde nicht ist und Kontrolle ohne Anwesenheit auszuüben. Fernwirkung, also die resultierende Kontrolle ohne Anwesenheit, ist nicht nur eine mögliche Definition von Zauberei, sondern, so hat James Beniger bereits 1986, also noch vor der Vernetzung von Computern, in seiner großen Studie *The Control Revolution* gezeigt, ein zentrales Prinzip industrieller Gesellschaften, das mit der Elektrifizierung eskaliert und im Computer kulminiert.

Die Krise der Kontrolle, die die Mitte des 19. Jahrhunderts prägt, weil zwar Güter und Information auf den neuen Transportwegen von Eisenbahn und Dampfschiff schnell verschickt, aber ihre Verwendung und Verarbeitung in der Ferne nicht kontrolliert werden können, wird durch die Übertragung elektrischer Signale zunächst der Telegraphie bezwungen. Sie stellt die Sicherheit her, an anderen Orten zeitgleich Macht ausüben zu können, d.h. kontrollierend auch dort einzugreifen, wo der Kontrolleur nicht ist (vgl. zur Unmittelbarkeit dieser Übertragungen Sprenger 2012). Durch die Industrialisierung der Kontrolltechnologien, der analogen wie später der digitalen Informationsverarbeitung, des Transports, der Kommunikation sowie der bürokratischen Ordnung, der sozialen Geschäftsregeln und des Zeitmanagements kann sich Kontrolle über Produktionsabläufe oder Verwaltungsvorgänge zunehmend von ihrer lokalen Gebundenheit lösen. Mit der Elektrizität wird die von Beniger benannte *Information Society* begründet, die durch Programmierung und rückgekoppelte Kontrolle definiert ist. Telegraph, Eisenbahn und Dampfschiff sowie moderne Brücken, Kanäle und Kabelnetze erlauben im Verbund mit ökonomischen, bürokratischen und politischen Entwicklungen ein Kontingenzmanagement durch die Überwindung räumlicher Distanzen und Zeitbeherrschung. Kontrolle als die Fähigkeit, an anderen Orten Macht auszuüben, muss schnell sein und ist in immer stärkerem Maße von Geschwindigkeit abhängig – möglichst schneller als Lokomotiven und Dampfschiffe, schneller also als der materielle Transport von Waren.

Während seit der frühen Neuzeit vor allem im Handel und in der Kolonialisierung die räumliche Verteilung von Kontrolle durch menschliche Stellvertreter geregelt wurde, wird diese Funktion, so Beniger, seit der Wende zum 20. Jahrhundert zunehmend auch von technischen Agenten übernommen. Entsprechend stellt sich bereits damals die Frage nach der Handlungsmacht dieser Stellvertreter, seien sie menschlich oder technisch. Sie verfügen zwar über Anweisungen, doch kann deren Einhaltung aus der Ferne nur nachträglich überprüft werden. Ihr Spielraum wird schon zu dieser Zeit unter dem heute zentralen Begriff ‚Agency' verhandelt. Bereits um 1600 bezeichnet Agency die Funktion des Stellvertretens, um auf ein spezielles Ziel gerichtete Handlungen zu erreichen, aber auch die Institution, Person oder Sache, die dies vermag (OED 2015). Vor allem in der Diplomatie, aber auch im Handel wird diese Stellvertretungsfunktion wichtig und ist immer an Übertragungsmedien gebunden, die Stellvertreter und Stellvertretenen aneinander koppeln. Agency bestimmt demnach, in wie weit ein Akteur zwischen autonomem und vorgegebenem Handeln pendeln darf, wenn Kommunikation mit den übergeordneten Instanzen aufgrund räumlicher Entfernung zu lange braucht, um auf lokale Ereignisse adäquat zu reagieren (Beniger 1986, 135). Das Konzept der Agency, das in aktuellen Debatten um die Actor-Network-Theory und in den Science and Technology Studies diskutiert wird, aber auch die gegenwärtige Rückkehr zu den Dingen in objektorientierten Philosophien anleitet,[4] hat einen seiner historischen Orte also in diesem Kontrollproblem, dessen Lösung gleichsam der Startschuss für einen globalen Industriekapitalismus war. Es ist eben diese Agency, die durch Kontrolle aus der Ferne in den Dingen verteilt wird, die später als Zauberei erscheinen kann, wodurch sie wiederum von ihren industriellen Voraussetzungen entkoppelt wird.

Betti Marenko hat in einer ähnlichen Bewegung wie der hier vorgeschlagenen versucht, Ubiquitous Computing als „connection between magic and technology" (Marenko 2014, 222), mithin als gegenwärtige Form des Animismus zu lesen, um in einer theoriepolitischen Bewegung die Materialität der Dinge und unsere affektive Verbindung mit ihnen zu verschränken. Dabei tritt jedoch ein methodologisches Problem auf, das in den aktuellen Debatten um ein mögliches ‚animistisches Paradigma' unbedacht bleibt: Die hier vorgestellten historischen Auseinandersetzungen mit der Handlungsmacht von Dingen und deren vermeintliche Beseelung durch Elektrizität und Ubiquitous Computing selbst zur Grundlage einer animistischen Diagnose der Gegenwart zu machen – also zum Element einer Affirmation des Animismus –, würde bedeuten, das Beschriebene mit der Beschreibungssprache zu verwechseln. Man kann, in anderen Worten, den Animismus der Ingenieure nicht als Beleg für ein aufkommendes und der Gegenwart gerecht werdendes animistisches Denken nehmen, ohne deren Perspektive vollends zu übernehmen. Man würde dann die Sprache, die man zur Beschreibung der historischen Situation verwendet, mit dem Beschriebenen, also der historischen Sprache der jeweiligen Situation, in eins fallen lassen.

Die jüngste theoretische Strömung einer Re-Animierung des westlichen Denkens sollte man daher vielleicht auch selbst stärker als Symptom denn als Diagnose lesen: als Symptom für eben jenen veränderten Status der Dinge, der auch von Ingenieuren als Animismus beschrieben wird, aber

4 Neovitalistische Autoren wie Jane Bennett oder objektorientierte Philosophen wie Graham Harman und Levi Bryant haben jüngst das Bedürfnis artikuliert, die Handlungsmacht von Dingen im Kontext einer fundamentalen Umschreibung der Philosophie weg von sogenannten korrelationistischen Annahmen des Anthropomorphismus hin zu einem symmetrischen Ansatz neu zu durchdenken. Die Kehrseite dieser Bewegungen könnte darin liegen, zu zeigen, dass Objekthaftigkeit selbst eine Geschichte hat und technischen Entwicklungen unterliegt. Vgl. Bennett 2010, Harman 2005 sowie Bryant 2011.

eher an technischen Entwicklungen als an der Beseelung hängt. Objekt- und Beschreibungsebene sollten streng auseinandergehalten werden. An die Stelle des „neo-animist paradigm" (Marenko 2014, 223), das Marenko als Fortführung des historischen Animismus heraufziehen sieht, soll hier entsprechend ein genauerer Blick auf die Effekte der Vernetzung gelegt werden. Die Seelen der Dinge, ihre Zauberkraft und Magie sind in diesem Sinne weniger eine Wiederkehr eines Verdrängten oder eine Befreiung der Dinge aus der Umklammerung der Moderne, sondern unterliegen konkreten ökonomischen, technologischen und epistemologischen Bedingungen.

Die Verzauberung der Dinge und die Infrastrukturen der Verteilung von Energie, Waren und Menschen sind mithin durch mehr verbunden als durch die elektrische Kraft, die Dinge sich bewegen lässt. Der vermeintlichen Beseelung liegt ein gegenwärtig im Internet der Dinge eskalierender Modus medialer Distribution und Kontrolle zugrunde, den die Beschreibung der davon betroffenen Dinge als beseelt zu erklären und einzuhegen versucht. Vor dem Hintergrund dieser Geschichte kann man diese Technologien als Versuche verstehen, Kontrolle auf eine ungekannte Weise räumlich auszudehnen, indem alle Dinge zu Stellvertretern werden und somit über Agency verfügen. So ist es kein Wunder, dass die Idee eines ‚enchantment of things', wie in der dritten Episode gezeigt werden soll, am Xerox Palo Alto Research Center (PARC) besonders deutlich artikuliert wird – dort, wo in den 1990er Jahren die technischen und theoretischen Grundlagen des Ubiquitous Computings gelegt werden. Sie schließen an die in den ersten beiden Episoden erörterten Prozesse der Elektrifizierung von Häusern und Wohnungen an, die um 1900 einsetzt und in deren Kontext die elektrifizierten, handelnden Dinge bereits unheimlich zu werden beginnen. In diesem Zug entwickelt sich die Beseelung, so viel sei an dieser Stelle wenigstens angedeutet, zu einem Fetischismus weniger des Warencharakters als der Stellvertretungsfunktion der Dinge, die auf ihrer räumlichen Distribution und nicht auf der ökonomischen Spannung zwischen Gebrauchs- und Tauschwert beruht. Der Zauber, der von solchen Dingen heute ausgeht, besteht vor allem aus ihrer Fähigkeit des Tracings und Trackings, der sensorischen Kapazität, die es erlaubt, ihre Umgebungen zu überwachen, und den Möglichkeiten der prädikativen Analyse von Big Data, die eben dadurch gewonnen werden.

Dass es dabei plausibel erscheint, das Konzept der Handlungsmacht von menschlichen auf nicht-menschliche Akteure zu verschieben, die Dinge im Internet der Dinge selbst aktiv werden und es manchem Beteiligten einleuchtend erscheint, dass sie beseelt sein könnten, schließt an die historische Krise der Kontrolle an und zeigt eine bislang unterbelichtete Dimension von kontrollierter wie kontrollierender Handlungsmacht in industriellen wie domestischen Infrastrukturen. Der rationalistischen und kapitalistischen Entzauberung der Welt ist auf der Ebene konkreter technischer Geräte eine Verzauberung eingeschrieben.[5]

Beseelung meint in diesem Sinne weniger einen spirituellen Akt, sondern kennzeichnet die angenommene Notwendigkeit einer Neuverteilung von Handlungsmacht zwischen menschlichen und nicht-menschlichen Akteuren. Sie hat einen historischen Index. So hat Thomas Macho, einen Gedanken Latours aufnehmend, betont, dass Beseelungen vor allem dann evident werden, wenn etwas nicht so funktioniert wie geplant. „Beseelungen entstehen aus Unterbrechungen und Störungen einer gewohnten Routine; Funktionen der Beseelung können erfahren werden, sobald etwas nicht mehr funktioniert." (Macho 2006, 403) In solchen Momenten gewinnen die Dinge eine Eigenständigkeit, die sie beseelt erscheinen lässt. Natascha Adamowsky hat in dieser Hinsicht die Diskussion einer magischen Funktion der Vernetzung der Dinge im Ubiquitous Computing als „Versatzstücke einer Faszination für die Verbindung von Technik und Magie" (Adamowsky 2003) gelesen. Dass Technik, seit der Aufklärung als Entzauberung der Welt gedacht, als magisch beschrieben werde, zeige ihren faszinationsgeschichtlichen Kern. Daran anschließend möchte ich der Frage nachgehen, wie die Dinge, wenn sie durch Beseelung auf gespenstische Weise aktiv werden, die Medialität reflektieren, in die sie eingetreten sind – und zwar, unter umgekehrten Vorzeichen als bei Macho oder Latour, heute auch und vielleicht gerade dann, wenn sie genau so funktionieren, wie sie sollen.

Erste Episode: Die Domestizierung der Elektrizität

Besonders deutlich wird all dies dort, wo die beseelten Dinge unsere Häuser und Wohnungen betreten. Schon mit der Domestizierung der Elektrizität um 1900, mit dem Verlegen von Kabeln, Schaltern und Steckern, mit

5 Technikphilosophisch ist diese Dimension von Technik als Magie oft beschrieben worden. Schon Ernst Cassirer hat in seinem Aufsatz „Form und Technik" Magie und Technik nicht opponiert, sondern die magische Funktion von Technik unterstrichen (Cassirer 1985). In diesem Sinne spricht Alfred Gell von einer Beseelung oder Verzauberung: „The enchantment of technology is the power that technical processes have of casting a spell over us so that we see the real world in an enchanted form" (Gell 1994, 44).

der ersten Konfrontation unbedarfter Hausbesitzer mit einer neuen dienstbaren Kraft, mit elektrischen Lampen, Herden, Bügeleisen, Fahrstühlen, Telegraphen, Telefonen, Grammophonen und Rasierapparaten treten die genannten Spannungen hervor (zur Domestizierung vgl. Gooday 2008). Die elektrifizierten Dinge, so scheint es zu dieser Zeit, reagieren aufeinander, bewegen und verbinden sich – aber sie werden auch rebellisch, unvorhersagbar, unheimlich (vgl. Morus 1996, Bohn 2004 sowie Emden 2004). Die neuen Geräte, die unterhalten, die Werkzeuge, die Arbeiten übernehmen, die Kabel und Schaltkreise, die Wände durchziehen und Räume verbinden, scheinen den Dingen eine neue Kraft zu geben. Bis dahin war Elektrizität vornehmlich der wissenschaftlichen Forschung zugänglich und allenfalls in den Spektakeln von Elektrisiermaschinen, auf Weltausstellungen oder in Telegraphenämtern dem Publikum erfahrbar. Indem nach und nach immer mehr Haushaltsgeräte an das Stromnetz angeschlossen und an immer mehr Haushalte verkauft werden, kommen immer mehr Dinge in den Genuss, mit der seit jeher phantasmatisch besetzten Kraft der Elektrizität ausgestattet zu werden.[6] Elektrizität gilt nicht nur aufgrund ihrer Unsichtbarkeit und vermeintlichen Unmittelbarkeit, sondern auch aufgrund der Werbung, die um 1900 von Seiten der Elektrizitätsgesellschaften gemacht wird, als lebensspendend, spirituell und beseelt. Die Dinge, die an sie angeschlossen werden, bekommen also nicht nur neue, ganz pragmatische Funktionen (erhitzen, leuchten, bewegen), sondern gewinnen ein Eigenleben, das in zahlreichen populären Texten dieser Zeit bis hin zur Science Fiction Albert Robidas, Edward Bellamys oder Jules Vernes ausgehandelt wird (vgl. Marvin 1988). In den zahlreichen Ratgebern, die um die Jahrhundertwende erscheinen, um Elektrizität für die Verbraucher zu popularisieren und ihre Anwendungen zu erklären, taucht die Rede vom *enchantment* kaum auf. Ihre Aufgabe besteht darin, eine allgemeinverständliche Erklärung der technischen Vorgänge zu liefern, damit sich die potentiellen Kunden auf das Wagnis der neuen Kraft einlassen. Eine magische Kraft würde dabei nur stören. Der Ort dieser Rede ist vielmehr dort zu suchen, wo Überschüsse auftreten oder angepriesen werden, wo trotz aller Vertrautheit mit den Vorgängen deren Folgen unklar oder unheimlich werden.

6 Man könnte diese Kraft aus der Geschichte der Elektrizitätsforschung her deuten, in der seit dem 18. Jahrhundert Elektrizität als eine Lebenskraft, eine *vis electrica* verstanden wurde. Romantische und idealistische Philosophien suchten ebenso wie begeisterte Physiker in der Elektrizität nach einer universellen Kraft, die die verschiedenen Formen des Lebendigen vereint (vgl. Pera 2002, Asendorf 1984 und Hochadel 2003). Am Beispiel der Villa des Magiers Jean Eugene Robert-Houdin haben die Architkturhistoriker Wally Smith und Hannah Lewi gezeigt, wie Zauberhandwerk, Architektur und Elektrizität Hand in Hand gehen können (vgl. Smith und Lewi 2008).

Zugleich ist dieser Prozess jedoch nur von der parallelen technischen Aufrüstung des Raums her verständlich, der von den Infrastrukturen der Elektrizität durchdrungen wird. Die Dinge können in diesem Kontext nur beseelt erscheinen, weil der sie umgebende Raum zu einem Raum der Verteilung von Elektrizität wird. Die Geschichte häuslicher Elektrifizierung, die eng verbunden ist mit dem *War of Currents* zwischen Gleichstrom und Wechselstrom, also zwischen Nikola Tesla und Thomas Edison, beginnt 1882, als letzterer in New York das erste elektrische Distributionssystem vorstellt, das nicht nur aus der Glühbirne, sondern einem Kraftwerk, Kabelleitungen, Verteilungsstationen, Schaltern, Steckergewinden und geschulten Elektrikern besteht. Elektrifiziert wird zu dieser Zeit vor allem die Beleuchtung. Andere Geräte werden erst nach und nach entwickelt. 1890 schreibt Arthur E. Kennelly, gleichsam der PR-Verantwortliche Edisons, einen aufschlussreichen Zeitungsartikel über die verschiedenen Möglichkeiten, elektrische Geräte zuhause einzusetzen.

> It would be strange indeed, if so readily controlled an agent as electricity, an Ariel before whom time and space seem to vanish, did not cross the threshold of our homes and enter into our household life. (Kennelly 1890, 102)

In einem Panorama der Kräfte erörtert Kennelly die Interventionen der Elektrizität in die Ökonomie des Hauses. Klingeln verbinden die Haustür mit Zimmern im zehnten Stock, Haustelegraphen erlauben neue Distanzen zwischen Kommunizierenden, elektrische Alarmanlagen sichern Fenster und Türen, Nachtwächter müssen an bestimmten Orten Knöpfe drücken, um ihre Rundgänge zu protokollieren, die Uhren im Haus können von einem zentralen Ort aus synchronisiert werden, elektrische Thermostate und Feuermelder regulieren die Temperaturen. Bügeleisen, Zigarrenanzünder, Heizdecken, Klingeln und alle denkbaren Küchengeräte sollen mit der neuen Kraft ausgestattet werden. Die Kräfte und Energien, die sich zwischen Innen und Außen bewegen, zwischen Bewohnern und Wohnung, können nun elektrisch kontrolliert, reguliert und verteilt werden. Ihnen zugrunde liegt eine massive Durchdringung häuslicher Räume mit den notwendigen Infrastrukturen aus Kabeln, Schaltern und Steckern, die seitdem in Kilometerlänge und zu Hunderten unsere Wohnungen bevölkern (Abb. 1).

Kennellys Zukunftsszenarien zeigen – wie auch Bellamys, Vernes oder Robidas Utopien – die Verbundenheit entfernter Räume durch die unsichtbare Kraft und stellen dem Leser greifbare Szenarien vor. Es geht ihm um mehr als die Auflistung neuer Geräte, weil er beständig Kreisläufe,

Wechselreaktionen und einen Umgang mit Grenzen thematisiert, was schließlich im elektrischen Motor als Universalmaschine lokaler Energien kulminiert. Die Ökonomie des *oikos* soll ebenso wie die Verteilung von Dingen und Menschen auf Elektrizität umgeschaltet werden. Sein Text markiert damit das Schwellenstadium der häuslichen Elektrizität, die sämtliche Routinen verändern und damit die Distribution von Energie und Materie im Haus auf neue Grundlagen stellen wird.

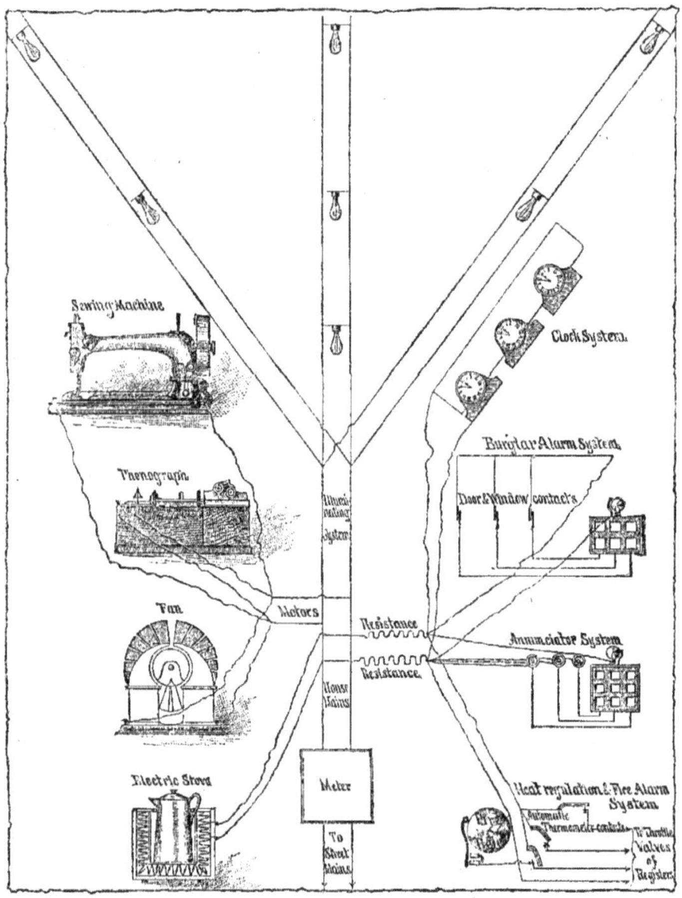

Abb. 1: Elektrisches Netzwerk nach Kennelly (Kennelly 1890, 13)

Im Auftrag seines Arbeitgebers General Electric, in dem die Edison General Electric Company 1892 aufging, lässt der Ingenieur Henry H. Hillman 1905 eine Villa in Schenectady/New York, 1145 Avon Road errichten, in die er mit seiner Familie zieht – das erste vollelektrische Haus Nordamerikas (Abb. 2).[7]

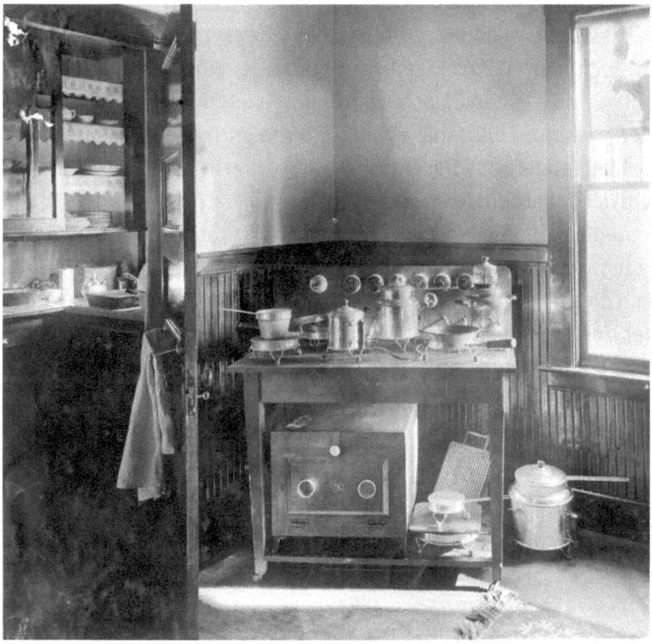

Abb. 2: Elektrischer Herd im Haus von Henry H. Hillman (Loewenthal 1906, 5)

Die erfolgreiche Elektrifizierung von Hillmans Haus, das bezeichnend für die Transformation häuslicher Energiedistribution auch ‚house without a chimney' (Hillman 1906) genannt wird, ist ein Anlass für General Electrics, in die Vermarktung von elektrischen Haushaltsgeräten einzusteigen, die Strom aus General Electrics-Kraftwerken verbrauchen, der über Kabel von General Electrics bis zu den Grundstücken geleitet wird. Begleitet wird der Bau von einer Publikationsoffensive, in der die internationale Presse das Haus zum Beginn einer Tradition sogenannter ‚Homes of Tomorrow' macht, die all das umfassen, was Kennelly 15 Jahre zuvor angepriesen hatte (vgl. Horrington 1986).

Hillmans Haus verfügt über die Besonderheit, mit zwei separaten Stromkreisen ausgestattet zu sein, einem zum Heizen sowie einem zum Kochen und Beleuchten. Über letzteren sollen Verlängerungen modular jeden Ort des Hauses abdecken. Da die Anzahl „ortsveränderliche[r] Geräte" (Klement

7 In Österreich hatte der Textilfabrikant Friedrich Schindler bereits zehn Jahre zuvor seine Villa mit sämtlichen elektrischen Finessen ausgestattet (Sinz 1992).

1927, 757), wie eine schöne Formulierung aus den 1930er Jahren lautet, noch beschränkt ist, hatte man an deren Stelle die Gewinde von Glühbirnen verwendet. Hillmans Haus macht das Prinzip der Steckdose, die erst 1915 standardisiert wird, einem breiteren Publikum bekannt. Wer also etwa ein Bügeleisen – erfunden 1882, eingeführt 1893 – oder einen Fußwärmer – erfunden 1883 – oder einen Zigarrenanzünder – patentiert ebenfalls 1883 – verwenden will, muss bis dahin eine Glühbirne entfernen und die am Gerätekabel befestigte Fassung einschrauben. Bügeln bei künstlichem Licht kann so schwierig werden. Nun wird es möglich, elektrische Geräte überall dort zu verwenden, wohin ein Kabel reicht. Elektrizität wird im profanen Sinne allgegenwärtig. Hillmans Haus ist von Kabeln durchzogen, die zumeist – soweit sich dies heute noch recherchieren lässt – in dünnen Porzellanröhren quer durch Wände verlegt und dann in Holzkästen, möglichst nahe an der Decke oder am Boden über dem Putz weitergeleitet werden. Die heute übliche Plastikverkleidung liegt noch in weiter Ferne. Wo Kabel die Oberfläche durchdringen, bringt man erste Vorläufer von Schaltern und Steckern an.

Wie der Bauplan zeigt, ist der Raum des Hauses vollständig vom elektrischen Netz überlagert (Abb. 3).

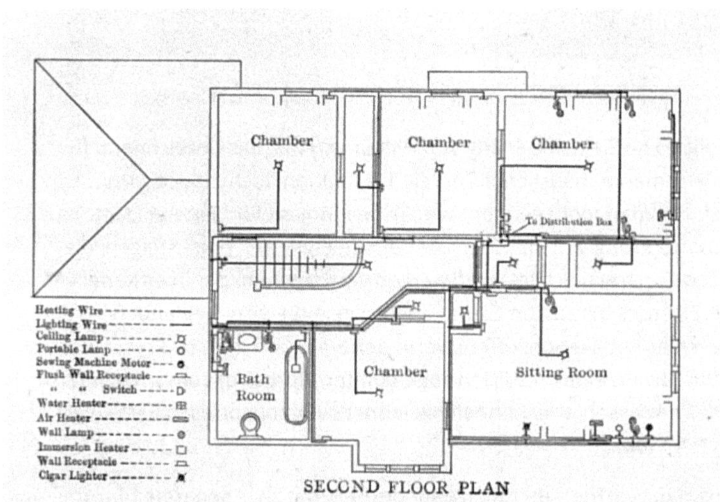

Abb. 3: Grundriss von Hillmans Haus (Stannard 1906, 322)

Das Haus ist als typisches Wohngebäude dieser Zeit architektonisch unspektakulär. Seine Brisanz liegt in kleinen Details. Denn zusätzlich zu den beiden Stromkreisen gibt es einen dritten, der in den Grundrissen nicht auftaucht. Hillman installiert eine besondere Vorrichtung, die selbst dem Hausmädchen, das „the most ordinary intelligence" (Hillman 1911, 133) besitze, sofort verständlich ist. Mit dieser Installation ist es ihr möglich, mittels eines Schalters am Kopfende ihres Bettes aus frühmorgens den Herd mit am Abend vorbereiteter Kaffeekanne einzuschalten – quer durch Wände, Decken und Böden, ähnlich einer Klingel, aber nunmehr in ein größeres Netzwerk integriert.

> As is often the case, she would get these dishes ready before retiring the night before, and then simply insert the plugs in the electric dishes ready for turning the switch the next morning. (Hillman 1911, 134, vgl. auch Beeson 1906)

Über die genaue Gestaltung dieser Anlage lässt sich nur wenig in Erfahrung bringen, doch markiert sie ein neues Stadium häuslicher Signalgebung, weil das Signal genutzt wird, um ein selbst an einen Stromkreis angeschlossenes Gerät von einem anderen Ort aus zu aktivieren. Was in einem anderen Raum geschieht, ist aus der Ferne kontrollierbar. Der Herd wird zum Stellvertreter einer Intention am anderen Ort, verbunden durch ein elektrisches Kabel, beseelt von der übertragenen Kraft, eigenständig kochend.

Zweite Episode: Slapstick und der Aufstand der Dinge

Im zweiten Schritt möchte ich zwei Jahrzehnte nach vorn springen und auf Buster Keatons rund 20 Minuten langen Film *The Electric House* von 1922 zu sprechen kommen.[8] Der Film nimmt eine Serie von Werbefilmen aufs Korn, die General Electrics zur Popularisierung von elektrischen Heimartikeln in nach Hillmans Vorbild gebauten Häusern gedreht hatte. Wie viele Filme Keatons spielt auch *The Electric House* mit Motiven der Mimikry und der Maschinisierung. Er zieht seine Inspiration aus der neuen Kraft im Haus und führt *en détail* vor, was sie mit den Dingen und was diese wiederum mit den Bewohnern machen.

Selbstredend sind Keaton und Slapstick im Allgemeinen dafür bekannt, die Dinge zur Rebellion zu treiben und aufsässig zu machen. Slapstick reflektiert, wie Dinge geschehen und macht aus ihrer Mechanik einen Witz, indem er sie mit der Lebendigkeit des Menschen kontrastiert und beides ineinander übergehen lässt. In *The Electric House* zeigt Keaton, der

8 Der Film ist im *Internet Archive* frei zugänglich: http://archive.org/details/TheElectricHouse

als leidenschaftlicher Bastler einige der zu sehenden Maschinen selbst gebaut hat (Keaton 1960, 112), die Rache von Dingen, die durch Elektrizität zum Leben erweckt werden und nicht mit ihrer Eigenständigkeit umzugehen wissen. Sie rächen sich, so scheint es, für ihre ehemalige Passivität, indem sie nicht so funktionieren, wie sie sollen. Ihre Aufsässigkeit hängt jedoch weniger mit Fehlern oder Störungen zusammen, sondern mit der Ungeschicklichkeit und Naivität ihrer Benutzer. Sie verlassen sich auf etwas, das sie nicht kennen, misstrauen dort, wo sie vertrauen sollten (oder umgekehrt) und werden dadurch letztlich mechanischer als die animierten Maschinen. Die Elektrifizierung der Ströme im Haus und die Bewegung der Dinge machen auch die Bewohner zu Teilen dieser Kreisläufe.

Die Geschichte des Films ist schnell erzählt: Keaton spielt einen Gärtner, der durch eine zufällige Verwechslung für einen Elektriker gehalten wird. Ein reicher Mann beauftragt ihn, in seiner Abwesenheit seine Villa elektrisch aufzurüsten und alle erdenklichen Neuerungen einzubauen. Wie wir bereits ahnen, läuft alles schief. Die Dinge beginnen, sich zu bewegen und werden in einer Abfolge für damalige Verhältnisse schneller Sequenzen aneinander gekoppelt: eine Rolltreppe macht keinen Unterschied zwischen Menschen und Dingen, Bücher bewegen sich durch Greifarme vom Regal in die Hände der Leser, die Badewanne ist mobil, die Schrankwand verwandelt sich in ein Bett, das Essen wird, wie bereits von Kennelly beschrieben, mit einer elektrischen Miniatureisenbahn auf den Tisch gefahren (Abb. 4a und 4b).

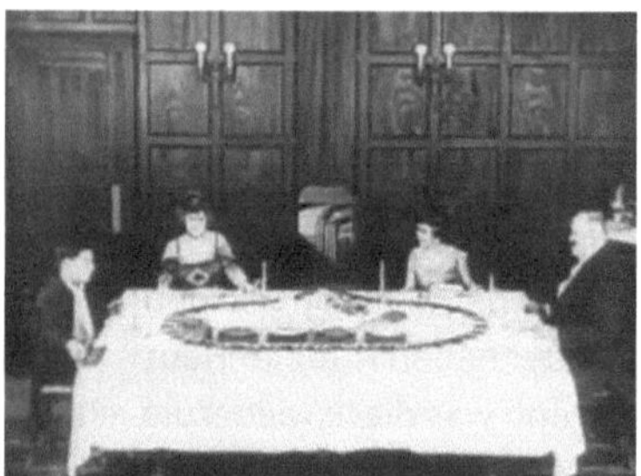

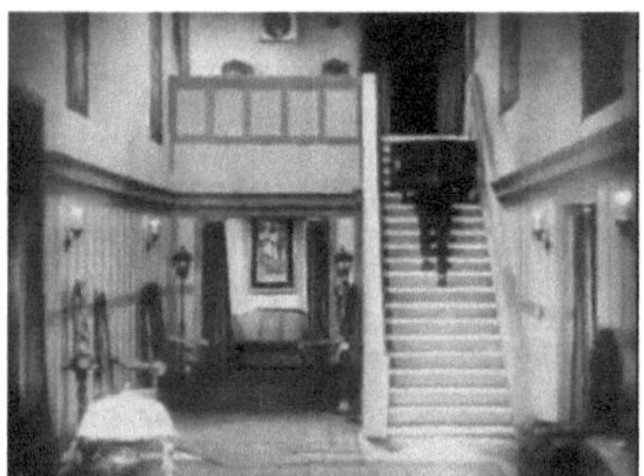

Abb. 4a und 4b: Stills aus *The Electric House*

Eine elektrische Billardmaschine hebt die Kugeln nach einem Treffer über eine komplizierte Vorrichtung an die Decke, von wo sie dann am Ende des Spiels heruntergelassen werden, damit ein neues beginnen kann. Sogar Keaton selbst wird elektrisch. Auch wenn sein Opponent, der echte, aber verschmähte Elektriker, für einige der kleineren Katastrophen verantwortlich ist, indem er die Schalttafel manipuliert, gibt es doch einen Überschuss an Vitalität. Die Geräte treiben Keaton so weit in den Wahnsinn, dass er sich schließlich im Pool ertränken will. Auch dies misslingt, weil eine elektrische Pumpe in wenigen Sekunden das Wasser und mit ihm auch Keaton durch die Kanalisation entfernt – durch jenen Kreislauf, der schon vor der Elektrizität vorhanden war.

The Electric House verbindet eine Theorie des Slapsticks mit den Folgen der Domestizierung der Elektrizität. Im Slapstick geht es darum, wie Dinge kaputt gehen, wie sie obsessiv werden oder ihre Bewohner tyrannisieren. Es geht um die List der Mechanik, die mit der unsichtbaren Kraft der Elektrizität ins Haus getragen wird. Das Haus, durch das uns der Film führt, ist nicht nur verzaubert, es ist von Infrastrukturen besessen. Wir werden Zeugen einer eigentümlichen Demarkierung architektonischer Grenzen, einer Aufhebung der Wände für und durch Elektrizität, einer Verhinderung, die gewohnten Wege zu gehen. Die Dinge sind nicht mehr das, was sie zu sein scheinen, weil sie sich bewegen, die Bewegungen im Haus durcheinanderbringen und gewohnte Handlungsabläufe irritieren. Das Heim wird unheimlich, wenn auch auf eine Weise, die beim Betrachter weniger Schaudern als Lachen hervorruft. Das Unheimliche ist ein Fremdes, das im Innen sitzt. In diesem Sinne wird etwas unheimlich, wenn wir nicht entscheiden können, ob es sich innen oder außen befindet, ob es lebendig ist oder mechanisch, tot oder beseelt, ob es von einer maschinischen oder einer übernatürlichen Kraft bewegt wird.

Keatons unheimliche Maschinen ähneln, so Gilles Deleuze in seinen Kino-Büchern, einer „Aufreihung von Strukturen, deren jede ein Element enthält, das nicht funktional ist, es aber durch das folgende wird" (Deleuze 1997, 239). Der Witz von Keatons Film besteht darin, dass er zeigt, wie aus Körpern Maschinen oder Automaten werden und sie dabei eine spezifische „Form des Un-Sinns" (Deleuze 1997, 237) gewinnen – einen Sinn, der sich nicht mehr aus ihrer Souveränität in einer dienstbaren Welt bestimmt, weil die ungeregelten Abläufe einer technisierten Welt alle Akteure auf eine Stufe stellen und mit sich reißen. Keatons Schauspiel, seine teilnahmslose Mimik und Gestik, sind derart automatisiert, dass er mit den Maschinen fusioniert, selbst eine Maschine wird. Von den organischen Bewegungen des Körpers geht der Film, wie so viele Werke Keatons, in die mechanischen, nicht-organischen Abläufe der Maschinen über, wenn etwa Keaton zum Opfer der Rolltreppe wird, die ihn wie jedes andere Objekt transportiert, aber eben auch so behandelt wie ein Objekt: Beim Dreh bricht sich Keaton auf eben dieser Treppe das Bein, als sich sein Schuh in den beweglichen Stufen verfängt, und muss mehrere Monate das Bett hüten (Keaton

1960, 165).[9] Die widerständigen Dinge, die dafür verantwortlich sind, stellt der Film nicht einfach als unkontrollierbare Technik dar. Vielmehr geht er über die für die Zeit typische Kritik der Mechanisierung hinaus und zeigt, wie unbelebte Maschinen lebendige Eigenmacht erlangen, indem sie die Körper lebendiger Menschen mechanisieren.

In diesen Bildern wird Slapstick zu einer Reproduktion maschinischen Verhaltens, das einen Überschuss erzeugt, der als beseelt beschrieben werden kann. *The Electric House* führt vor, wie mit elektrifizierten Dingen die Bewohner des Hauses zu Maschinen werden. Das zeigt sich auch im Kampf mit den Objekten, der im Herzen des Slapsticks stattfindet und dabei jenen Kontrollverlust reflektiert, der laut Beniger mit der Industrialisierung einhergegangen ist. Doch in dem Maß, in dem der Mensch die Kontrolle verliert, gewinnen die Dinge an Kontrollpotential. Umso widerständiger sie durch ihre elektrische Beseelung werden, desto unmenschlicher, mechanischer und seelenloser werden die Menschen. Doch während zu dieser Zeit zumeist die Maschine dem Lebendigen entgegengesetzt wurde, unterläuft Keatons Film diese Unterscheidung oder lässt sie wenigstens uneindeutig erscheinen. In ihrer Unkontrollierbarkeit liegt ebenso ein Impuls ihrer Beseelung wie in der Kontrollfähigkeit, die sie als Stellvertreter erlangen. Die doppelte Bewegung wird von Keaton gleichsam als Seelenwanderung vorgeführt, auch wenn am Ende ein Happy End steht und niemand seine Seele verliert. Vor allem aber bezieht diese Verwandlung ihre Komik aus der Tragik ihrer Protagonisten. Sie kann als Essenz des Slapstick gelten: die Verlebendigung der Dinge und die Mechanisierung des Lebendigen. Slapstick zeigt, wie Dinge zu lebendigen, beseelten Körpern werden und wie lebendige, beseelte Körper zu Maschinen werden. Der Film führt den Aufstand der Dinge als eine Umkehrung ihrer Motivation vor, als eine Mobilisierung durch elektrische Distribution im Haus. Der Akt der Beseelung geschieht in dem Moment, in dem sich etwas nicht so verhält wie es sollte und sich damit die Routine der dinglichen Bewegung im Raum verändert und stockt. Elektrische Infrastrukturen, dies könnte man als Fazit aus diesem Film ziehen, erzeugen mithin einen relationalen Raum, in dem die Verteilung von Dingen, Körpern und Energie voneinander abhängt.

9 *The Electric House* markiert zugleich einen Wendepunkt, denn der Film ist der einzige im Oeuvre Keatons, der Elektrizität in den Mittelpunkt stellt. Optische Apparate, Transportmittel und Maschinen tauchen in seinen Werken immer wieder auf. Vielleicht, so könnte man spekulieren, hat die endgültige Etablierung der Elektrizität im Alltagsleben in den 1930er Jahren, ihre erfolgreiche Domestizierung, etwas mit dem Ende von Keatons Form des Slapstick zu tun. Vielleicht setzt die Elektrifizierung um, worüber Keaton Witze machte.

Auch dort, wo die Lebendigkeit der Dinge nur von der Phantasie des Zeichners abhängt, wird auf die Elektrizität verwiesen (Abb. 5).

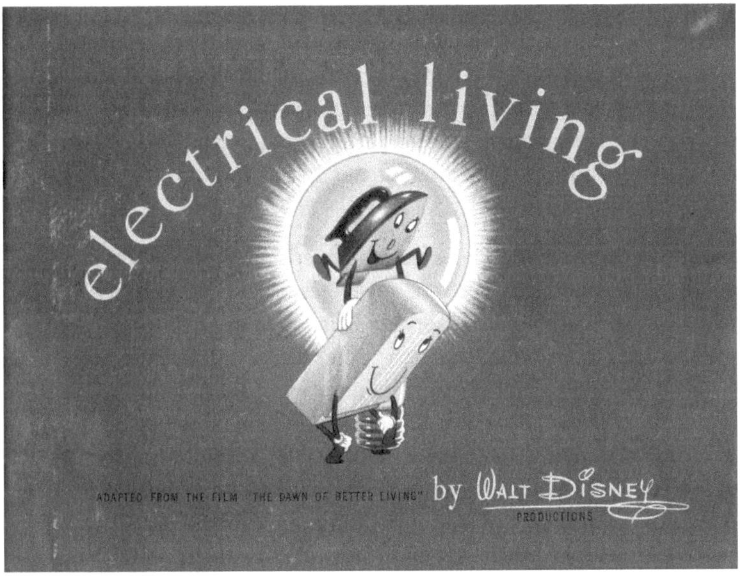

Abb. 5: Cover der Broschüre *Electrical Living*, General Electrics 1945

1945 produziert Walt Disney in Kooperation mit General Electrics einen kleinen Werbefilm mit dem Titel *The Dawn of Better Living*. Im Film wie in einer Werbebroschüre mit dem Titel *Electrical Living* werden den elektrifizierten Dingen Gesichter gegeben. Jedes Gerät im Haus wird zum Subjekt, das entweder pflegeleicht oder aufsässig sein kann, in jedem Fall aber eigenmächtig zu agieren vermag. Animationsfilm, Slapstick und Elektrizität sind in dieser Hinsicht eng miteinander verbunden. Doch wo die Dinge bei Keaton und Disney erst dann lustig werden, wenn sie aus der Reihe fallen, werden sie seitdem und heute beseelt, wenn sie ihren Dienst nach Vorschrift versehen.

Dritte Episode: Ubi-Spirits

Die Beseelung der Dinge, die Keatons Film vorführt, ist vielleicht nur ein anderer, eher zwinkernder Ausdruck animistischer oder spiritistischer Annahmen, die in Anschlag gebracht werden, um die unerwarteten Effekte elektrischer Medien einzuhegen. Historisch hatte die Anschuldigung des Animismus oder des Spiritismus seit dem 19. Jahrhundert die Funktion, eine Abgrenzung gegen ein irrationales, unmodernes Außen aufrechtzuerhalten. Vereinfacht gesagt hat die Moderne, folgt man Bruno Latour, den Animismus zugunsten der rationalistischen Wissenschaft abgeschafft oder zumindest als primitives Übergangsstadium kultureller Entwicklung abgewertet, indem eine strikte und idealiter unüberschreitbare Grenze zwischen Menschen und Nicht-Menschen gezogen wurde (vgl. Latour 1998). Die elektrifizierten Dinge drohen, diese imaginäre Grenze zu überschreiten und lösen damit eine Verkettung kategorialer Verwirrungen aus, der Keatons Slapstick eine Form und der Spiritismus eine Metaphysik gibt.

Nicht nur der Einsatz der Maschine, auch animistische Wissensformen bleiben im 20. Jahrhundert als im Inneren eingeschlossenes Äußeres lebendig, wie sich ebenfalls an der dritten Episode zeigt. Sie bringt uns nach Kalifornien ans Palo Alto Research Center des Bürotechnikherstellers Xerox. In den 1990er Jahren erforscht dort eine Abteilung um den Computerpionier Mark Weiser, was dieser Ubiquitous Computing nennt. Während das Konzept des Personal Computers, der individuellen Recheneinheit für jeden Schreibtisch, in den 1970er Jahren ebenfalls bei PARC geprägt wurde, entfernen sich Weiser und sein Team von diesem Ansatz, der User zwingt, still vor Bildschirmen zu sitzen. Ubiquitous Computing heißt, dass Dinge aller Art mit Chips ausgestattet werden, die untereinander kommunizieren, so dass beispielsweise der Kühlschrank weiß, was verbraucht wird und im Supermarkt eine Bestellung aufgibt. Ubiquitous Computing ist in diesem Sinne eine Technologie der räumlichen Verteilung und der Fernwirkung, und es ist kein Wunder, dass sie in den Forschungslabors eines Bürotechnikherstellers entsteht und für Heimanwendungen erprobt wird (vgl. ausführlicher Jochmaring 2012 sowie Sprenger 2015).

Angetrieben von einem massiven Miniaturisierungsschub und der damit einhergehenden Verbilligung der Bauteile sollen verteilte, vernetzte, unsichtbare und ubiquitäre Computer die Existenz des Menschen angesichts seiner Infragestellung durch die real existierenden Computer erleichtern und vielleicht sogar auf eine neue Stufe erheben. Sie werde auf gestalttheoretisch fundierte Weise so in die Wahrnehmung des Users integriert, dass dieser nicht mehr abgelenkt sei und sich auf das konzentrieren könne, was wirklich wichtig ist.

> The most profound technologies are those that disappear. They weave themselves into the fabric of everyday life until they are indistinguishable from it. (Weiser 1991, 94)

Dieser Weisers berühmtesten Artikel einleitende Satz bestimmt ‚The Computer of the 21st Century' als etwas, das im Vollzug seiner Leistungen unsichtbar wird und damit ein gänzlich anderes Verhältnis zur Welt mit sich bringt als Großrechner oder PCs. War in den zu dieser Zeit populären Vorstellungen einer Virtual Reality noch der Computer bzw. die von ihm erzeugte künstliche Realität das Ziel, entwirft Ubiquitous Computing eine andere Vision. In ihrer Vereinzelung leistungsschwache, vernetzt aber überaus mächtige Computer sollen unsere von Technologien immer schon in Anspruch genommene Wahrnehmung nicht länger auf sich ziehen, sondern entlasten, um einen entspannteren Zugang zur Welt zu ermöglichen.

Ubiquitous Computing ist von Beginn an von den philosophischen Überlegungen Weisers geprägt, der von Heidegger inspiriert mit dieser neuen Technologie eine andere Weise des In-der-Welt-Seins ermöglichen will. In einem seiner Texte vergleicht Weiser die Welt smarter Objekte mit der Domestizierung der Elektrizität, wie sie Hillman und Keaton vorgeführt haben.

> Hundreds of computers in a room could seem intimidating at first, just as hundreds of volts coursing through wires in the walls did at one time. But like the wires in the walls, these hundreds of computers will come to be invisible to common awareness. People will simply use them unconsciously to accomplish everyday tasks. (Weiser 1991, 96)

Alle Techniken, so argumentiert Weiser, sind Formen der Zuhandenheit, die unsichtbar werden sollen, um uns einen unverstellten Zugang zur Welt zu erlauben. Weniger philosophisch geprägt hatten dies die Werbeprogramme von General Electrics bereits knapp ein Jahrhundert zuvor versprochen. Und auch für die Arbeiten bei PARC lässt sich leicht ein ähnliches Szenario wie in *The Electric House* imaginieren. Doch ist es nunmehr nicht nur die elektrische Kraft, die Dinge bewegt. Insofern Ubiquitous Computing aufgrund der Rechenkapazitäten und Sensorleistungen der computerisierten Dinge im Betrieb nicht auf Bewusstseinsleistungen der User angewiesen ist, ist der Schritt, den eingebetteten Objekten selbst Bewusstseinsleistungen zuzusprechen, nicht groß.

Von Anfang an ist Ubiquitous Computing auf den Raum orientiert, weil es darum geht, Information über die Lage von Dingen und Menschen im Raum zu sammeln, um diese zu verteilen und anzuordnen. Dazu ist Wissen von ihren Positionen nötig, wofür wiederum eine Infrastruktur vorausgesetzt wird, welche diese Lokalisierung gewährleistet und dabei Datenverarbeitung eng an räumliche Anordnungen knüpft. Technisch basiert Ubiquitous Computing in verschiedenen Formen nicht auf einer

Zentralisierung von gesteigerter Rechenkraft, sondern ihrer räumlichen Verteilung in möglichst vielen Geräten.[10]

Wenn Objekte in diesem Raum durch ihre Mobilität eigenständigen Pfaden folgen können, bewegen sie sich, so scheint es zeitgenössischen Beobachtern (vgl. etwa Kuniavsky 2007), geradezu geisterhaft, auf magische Weise beseelt. Überwachung und Kontrolle, Mustererkennung und Bewegungstracking mögen riesige Mengen an Daten sammeln, auswerten und zur Vorhersage zukünftiger Bewegung nutzen. Tracken kann man nur, was sich bewegt, und was sich bewegt, kann auch gesteuert werden. Doch dafür müssen die mobilen Objekte als eigenständige Entitäten erfasst werden. Der Spieledesigner und sogenannte *Knowledge Artist* Rich Gold, Mitglied von Weisers Team, hat in einer nur intern zirkulierenden Sammlung metaphorischer Beschreibungen für die selbstentwickelten Technologien mit dem Titel „Preliminary Notes towards a Multi-Faceted View of Ubicomp“ nach einer Beschreibungssprache für eine solche technische Welt gesucht, in der sich der Akteurstatus radikal gewandelt hat. Das Projekt einer rechnergestützten Durchdringung der Welt, einer Aufrüstung der Environments, versteht Gold als Teil einer *vast meta-physical sophistry*. Beseelung und technische Durchdringung sind bei ihm zwei Seiten einer Medaille. Er beschreibt Ubiquitous Computing als symbolische Beseelung aller Dinge, als *enchantment of things*, als fundamentale Neuverteilung von Handlungsmacht, die zur Zauberkraft wird. In aller Offenheit formuliert er eine Metaphysik der Objektorientierung, die den animistischen Untergrund dieser Diskurse ausspricht:

> For obscure and ill-defined reasons I am very interested in creating a vast meta-physical sophistry that no one really believes in, but everyone acts as if they do. In particular I am interested in creating a world where all the objects, things, entities, stuff and junk seem to be inhabited (or haunted) by ‚Spirits‘. An example of a similar world (but one that was not thought of as a sophistry) would be the world of the Native Americans, where every tree, rock, cloud, hut, bead, feather and buffalo contained within it a living spirit. These spirits could effect, interact, talk, gossip, and kibbitz with each other and with the humans of the world. There would be Ubi-Spirits of many different sorts. Some would be fundamental to the nature of the object, sort of its soul or guiding light. Other spirits would be wandering phantasmas situating themselves in different objects at different times. Some would be

10 Inwiefern sich die tatsächliche technische Entwicklung hin zu einer stärkeren Zentralisierung in Datencentern und den Händen weniger Konzerne entwickelt hat, wäre eine andere Frage (vgl. Engemann und Sprenger 2015).

> dead (well, sort of dead) relatives. A number would be primal forces such as Good, Evil, Creativity or the American Way. [...] I see it as one of Ubi-Comp's hidden, underlying assumptions (Gold ohne Jahr, Box 52, Folder 18).

Gold beschreibt, wie Dinge auf magische Weise in Bewegung geraten, indem sie mit sogenannten *Ubi-Spirits* ausgestattet werden – mit Sensoren, die ihre Umgebung überwachen und Wahrnehmungsleistungen übernehmen, sowie mit Chips, deren vernetzte Rechenleistung ein kognitives Vermögen darstellt. Die Vernetzung, Smartness und Unsichtbarkeit der Dinge des Ubiquitous Computings setzt Gold in diesem Panorama magischer Kräfte mit einem Animismus bereits beschworener Geister gleich. Die neue Technologie soll in diesem Sinne als eine neue Weise des In-der-Welt-Seins und der Zuhandenheit nicht nur eine tiefgreifende Umformung des Verhältnisses des Menschen zur Welt ermöglichen, sondern auch der Dinge zur Welt (Abb. 6 und 7).

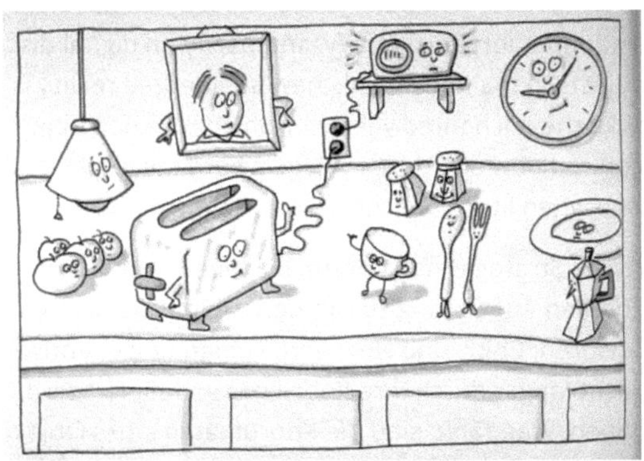

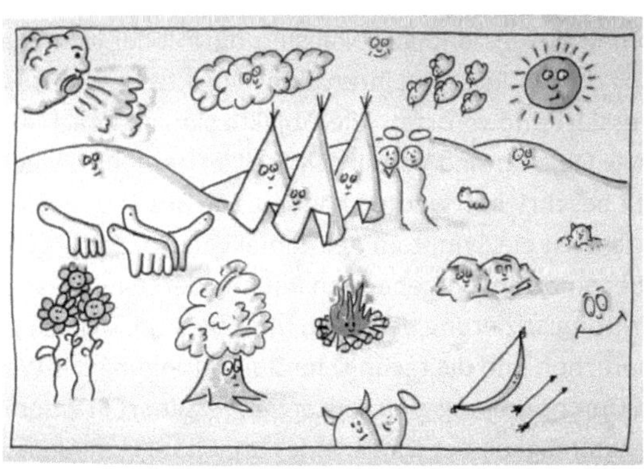

Abb. 6 und 7: Zeichnungen von Rich Gold (Gold 1993)

In einem anderen Text präsentiert Gold einige seiner an die frühen Elektrizitätsbroschüren sowie an Disney erinnernden Zeichnungen von sogenannten *Ubi-Objects* (Gold 1993). Sie werden als wahrnehmend, reaktiv, kommunikativ, unsichtbar, still, weder natürlich noch künstlich und selbstredend als allgegenwärtig beschrieben. Gold macht deutlich, dass die Distribution von Agency auch bedeutet, den Status des Menschen neu zu bestimmen. „Consciousness may actually not be required in a fully Ubi-Enspirited world!" (Gold ohne Jahr, Box 52, Folder 18) In einem Netz smarter Objekte und smarter Menschen, in dem ihr Status nicht mehr differenziert werden kann, wird alles zur Umgebung von allem anderen, weil alles miteinander verbunden ist. Gold verweist auf ein sprechendes Beispiel:

> The everyday objects themselves become a kind of ruse: a baby doll (or toy block) might look like a familiar remnant of childhood, but it is really only one of a thousand distributed nodes which control the functioning of the whole house. Likewise, the baby doll itself activates its own mechanisms, behaviors, and charms based partly on the comings and goings of its adopted (organic) family, and partly on digital discussions with other objects in the house. This new augmented reality is perhaps a little like the enchanted village in which common objects have magically acquired new abilities, a village where toy blocks really do sing and dance when I turn out the lights. (Gold 1992, 72)

Golds metaphorische Strategie zielt darauf, die lebensweltlichen Aspekte einer infrastrukturellen Aufrüstung zu rahmen. Ubiquitous Computing erzeugt durch Sensoren, Chips und Netzwerke einen umgebenden Raum, in dem Objekte nicht länger durch ihre Koordinaten definiert sind, sondern durch ihre Relationen. Was zählt, sind die Koordinaten eines Objekts in Relation zu anderen Objekten, mit denen sie interagieren – erst in diesen Relationen bekommt die beständige Lokalisierung, mit der wir in unseren Devices alltäglich konfrontiert sind, ihren Sinn. Objekte werden beständig identifiziert, adressiert und verortet. Alle Objekte sind demnach Akteure der Verteilung. Alle Objekte sind Vermittler, Stellvertreter und Medien, die mithin als beseelt beschrieben werden können. Die Beseelung der Dinge, von der Gold spricht, ist ein Symptom der damaligen wie der gegenwärtigen Bedeutung solcher smarten, umgebenden Räume, deren technische Durchdringung mit der Domestizierung der Elektrizität begann. Den Dingen *Ubi-Spirits* zuzusprechen und die technische Durchdringung der Welt mit einer magischen Durchdringung gleichzusetzen, resultiert in einer vermeintlichen Eigenständigkeit der Dinge, einer unabhängigen Agency:

> Our techno-cure has been to animate the inanimate with ‚media' such as T.V., radio, movies, telephones; to give objects ‚auras', for instance with evocative names (my favourite car is still the Mustang) and to create ever more elaborate social structures (such as corporations) which are so much larger than us that they ‚seem' to be living spirits. (Gold ohne Jahr, Box 52, Folder 18)

Was damit unsichtbar wird, ist ihre Vernetzung zu denen, die sie stellvertreten, ihre Einbettung in industrielle Infrastrukturen und entsprechende Machtdispositive. Auch wenn sie eigenständig und beseelt erscheinen mögen, sind sie doch Agenten einer handvoll global operierender Konzerne, die Kontrolle nicht länger umständlich durch Broadcasting verteilen müssen, sondern in smarten Objekten implementieren können. Die Seele der beseelten Dinge ist keine Indianerseele.

Der folgende Satz von David Rose, einem anderen Zauberkünstler der Smartness, gewinnt in dieser Hinsicht an Brisanz: „Animism centers on our fantasy that technology can learn us, rather than our having to learn it" (Rose 2014, 12). Solche Technologien sind keine Instrumente mehr, die als Mittel zu bestimmten Zwecken dienen. Vielmehr erscheinen, wenn man die Folgerung zuspitzt und den Satz umdreht, die User als Instrumente der Technologien. Wer verzaubert hier wen? Die Objekte sollen den alten Trick aller begabten Zauberer, aus der Wahrnehmung des Zuschauers oder Users zu verschwinden (um dann aus dem Nichts wieder zu erscheinen), beherrschen und sich nicht passiv wegzaubern lassen, sondern diese Fähigkeit auf sich selbst anwenden. Sie sollen zu Stellvertretern einer entfernten Macht werden, dabei aber autonom agieren und selbständig handeln. Wenn die Zauberei auf diese Weise in die Dinge selbst einzuwandern scheint, wenn kein Zauberer mehr nötig ist, damit sie ihre Tricks vollziehen, dann deshalb, weil sie beseelt wirken und über *Ubi-Spirits* zu verfügen scheinen. „The most promising and pleasing future is one where technology infuses ordinary things with a bit of magic" (Rose 2014, 13).

Schluss: A Vast Meta-Physical Sophistry

Die drei Episoden aus der Geschichte elektrischer Medien im 20. Jahrhundert haben gezeigt, dass sich die magische und die kommunikationstechnische Definition einer *actio in distans* parallelisieren lassen und die industrielle Kontrolle aus der Ferne ebenso als Zauberei erscheint wie die Zauberkraft derart aufgerüsteter Dinge als Modus infrastruktureller Durchdringung verstanden werden kann. Die Dinge bewegen sich, weil mit der Elektrizität und potenziert mit dem Internet der Dinge eine massive

Ausweitung der Distributionsmöglichkeiten von Information und Energie einhergeht. Sie resultiert in einer ebensolchen Ausweitung der Distributionsmöglichkeiten von Materie: einer neuen Verteilung der Dinge im Raum, die sich nunmehr selbst vernetzen, austauschen und bewegen oder bewegen lassen. Bezieht man die Beseelung der Dinge durch Elektrizität, Elektronik und Informatik auf die Geschichte der industriellen Kontrolle von Produktionsabläufen, wie sie Beniger geschildert hat, wird deutlich, dass mit ihr weitaus mehr auf dem Spiel steht als die Kränkung, auch Objekten Handlungsmacht zuschreiben zu müssen. Es geht um nichts weniger als um einen neuen Modus medialer Kontrolle, in dem wir alle jederzeit zu Produzenten von Daten und damit Teil der Black Box werden.

Der Zauber dieser Dinge liegt darin, dass sie nicht nur, wie Marx und Benjamin gezeigt haben, als Fetische die Bedingungen ihrer Produktion verstecken, sondern auch ihre Abhängigkeit von Infrastrukturen der Verteilung und die Stellvertretung, die sie ausfüllen, unsichtbar machen. Diese mediale Kontrolle als Zauberei erscheinen zu lassen, ist das Meisterstück ihrer Zauberer, denn verschwinden lassen sie mit diesem Zaubertrick nichts weniger als die technischen Infrastrukturen, die unserer Welt zugrundeliegen und die Bedingung ihrer Beseelung bilden – als *vast metaphysical sophistry.*

Literatur

Adamowsky, Natascha. 2003. „Smarte Götter und magische Maschinen: Zur Virulenz vormoderner Argumentationsmuster in Ubiquitous-computing-Visionen." In *Total vernetzt: Szenarien einer informatisierten Welt*, hg. von Friedemann Mattern, 231–247. Berlin: Springer.

Albers, Irene und Anselm Franke, Hg. 2012. *Animismus: Revisionen der Moderne.* Zürich: Diaphanes.

Asendorf, Christoph. 1984. *Batterien der Lebenskraft: Zur Geschichte der Dinge und ihrer Wahrnehmung im 19. Jahrhundert.* Berlin: Anabas.

Beeson, Mabel. 1906. „House without a Chimney." *San Francisco Call*, February 4, 66.

Beniger, James R. 1986. *The Control Revolution: Technological and Economic Origins of the Information Society.* Cambridge: Harvard University Press.

Bennett, Jane. 2010. *Vibrant Matter: A Political Ecology of Things.* Durham: Duke University Press.

Bohn, Ralf. 2004. *Technikträume und Traumtechniken: Die Kultur der Übertragung und die Konjunktur des elektrischen Mediums.* Würzburg: Königshausen & Neumann.

Bryant, Levi R. 2011. *The Democracy of Objects.* Ann Arbor: Open Humanities Press.

Cassirer, Ernst. 1985. „Form und Technik." In *Symbol, Technik, Sprache*, 39–90. Hamburg: Meiner.

Deleuze, Gilles. 1997. *Das Bewegungs-Bild.* Frankfurt/Main: Suhrkamp.

Emden, Christian J. 2004. „Epistemische Konstellationen 1800–1900: Nerven, Telegraphen und die Netzwerke des Wissens." In *Netzwerke: Eine Kulturtechnik der Moderne*, hg. von Hartmut Böhme, Jürgen Barkhoff und Jeanne Riou. Köln: Böhlau.

Engemann, Christoph und Florian Sprenger. 2015. „Das Netz der Dinge: Zur Einleitung." In *Internet der Dinge: Über smarte Objekte, intelligente Umgebungen und die technische Durchdringung der Welt*, hg. von Christoph Engemann und Florian Sprenger, 7–57. Bielefeld: Transcript.

Gell, Alfred. 1994. „The Enchantment of Technology and the Technology of Enchantment." In *Anthropology, Art and Aesthetics*, hg. von Jeremy Coote und Anthony Shelton, 40–63. Oxford: Clarendon Press.

Gershenfeld, Neil, Raffi Krikorian und Danny Cohen. 2004. "The Internet of Things." *Scientific American* (October): 76–81.

Gold, Rich. „Position Paper." *Ubiquitous Computing Workshop Position Paper.* Stanford University Libraries. Department of Special Collections. Mark Weiser Archives. Collection M1069, Box 52, Folder 18.

———. 1992. „This is not a Pipe." *Communications of the ACM* 36 (7): 72.

———. 1993. „Art in the Age of Ubiquitous Computing." *American Art* 7 (4): 2–11.

Gooday, Graeme. 2008. *Domesticating Electricity: Expertise, Uncertainty and Gender, 1880–1914.* London: Pickering & Chatto.

Hansen, Mark B. N. 2015. *Feed-Forward: On the Future of Twenty-First-Century Media.* Chicago: University of Chicago Press.

Hanstein, Ulrike, Anika Höppner und Jana Mangold, Hg. 2012. *Re-Animationen: Szenen des Auf- und Ablebens in Kunst, Literatur und Geschichtsschreibung.* Wien: Böhlau.

Harman, Graham. 2005. *Guerrilla Metaphysics: Phenomenology and the Carpentry of Things.* Chicago: Open Court.

Hayles, N. K. 2009. „RFID: Human Agency and Meaning in Information-Intensive Environments." *Theory, Culture & Society* 26 (2–3): 47–72.

Hillman, H. W. 1906. „Electricity in the Home." *Cassier's Magazine* 31 (November): 25–35.

———. 1911. „The House Desirable: Electrically Run." *Suburban Life* (September): 133–134.

Hochadel, Oliver. 2003. Öffentliche Wissenschaft: Elektrizität in der deutschen Aufklärung. Göttingen: Wallstein.

Hörl, Erich. 2005. *Die heiligen Kanäle.* Zürich: Diaphanes.

———. 2011. „Die technologische Bedingung: Zur Einführung." In *Die technologische Bedingung: Beiträge zur Beschreibung der technischen Welt*, hg. von Erich Hörl. 7–53. Frankfurt/Main: Suhrkamp.

Horrington, Brian. 1986. „The Home of Tomorrow: 1927–1945." In *Imagining Tomorrow: History, Technology, and the American Future*, hg. von Joseph J. Corn, 137–163. Cambridge: MIT Press.

Jochmaring, Julian. 2012. „Der stille Computer: Anästhetische Strategien im Interaction Design." *Kunsttexte* (4): 1–11.

Keaton, Buster. 1960. *My Wonderful World of Slapstick.* New York: Doubleday and Company.

Kennelly, Arthur E. 1890. „Electricity in the Household." *Scribners Magazine* (1): 102–115.

Klement, W. 1927. „Die Installation elektrischer Anlagen im Hause." *Siemens-Zeitschrift* (11): 756–759.

Kuniavsky, Mike. 2007. „Animist User Expectations in a Ubicomp World: A Position Paper for 'Lost in Ambient Intelligence." Letzter Zugriff am 10. August 2015. http://www.orangecone.com/kuniavsky_CHI2004_lost_in_AmI.pdf.

Latour, Bruno. 1998. *Wir sind nie modern gewesen: Versuch einer symmetrischen Anthropologie.* Frankfurt/Main: Fischer.

Loewenthal, Max. 1906. „The Electric Home." *The Electric Age* 37 (3): 161–170.

Macho, Thomas. 2006. „Beseelungen: Zur Geschichte der Verwandlung." In *Verwandlungen*, hg. von Aleida Assmann und Jan Assmann, 401–408. München: Fink.

Marenko, Betti. 2014. „Neo-Animism and Design: A New Paradigm in Object Theory." *Design and Culture* 6 (2): 219–242.

Marvin, Carolyn. 1988. *When Old Technologies were New: Thinking about Communications in the Late Nineteenth Century.* Oxford: Oxford University Press.

Morus, Iwan R. 1996. „The Electric Ariel: Telegraphy and Commercial Culture in Early Victorian England." *Victorian Studies* (39): 339–378.

Oxford English Dictionary. 2015. „Agency." Letzter Zugriff am 10. August 2015. http://www.oed.com view/Entry/3851?redirectedFrom=Agency&

Papapetros, Spyros. 2012. *On the Animation of the Inorganic: Art, Architecture, and the Extension of Life.* Chicago: University of Chicago Press.

Pera, Marcello. 2002. *The Ambiguous Frog: The Galvani-Volta Controversy on Animal Electricity.* Princeton: Princeton University Press.

Rose, David. 2014. *Enchanted Objects: Design, Human Desire, and the Internet of Things.* New York: Scribner.

Sinz, Egon. 1992. Die Villa Grünau. Kennelbach: Gemeinde Kennelbach.

Smith, Wally und Hannah Lewi. 2008. „The Magic of Machines in the House." *The Journal of Architecture* 13 (5): 633–660.

Sprenger, Florian. 2012. *Medien des Immediaten: Elektrizität, Telegraphie, McLuhan.* Berlin: Kadmos.

———. 2015. „Die Zukunft der Vergangenheit: Kommentar zu ‚The Coming Age of Calm Technology'." In *Internet der Dinge: Über smarte Objekte, intelligente Umgebungen und die technische Durchdringung der Welt*, hg. von Christoph Engemann und Florian Sprenger, 73–87. Bielefeld: Transcript.

Stannard, Harold. 1906. „Electricity in the Home." *American Homes and Gardens* 2 (5): 321–24.

Thrift, Nigel. 2004. „Remembering the Technological Unconscious by Foregrounding Knowledges of Position." *Society and Space* 22: 175–190.

Voller, Christian und Gottfried Schnödl. 2016. „Von der Herrschaft der Technik zum Parlament der Dinge. Ein Deutungsversuch." *Internationales Jahrbuch für Medienphilosophie* 2 (1): 159–182.

Weiser, Mark. 1991. „The Computer for the 21st Century." *Scientific American* 3 (265): 94–104.

Weiser, Mark, Rich Gold und John S. Brown. 1999. „The Origins of Ubiquitous Computing Research at PARC in the late 1980s." *IBM Systems Journal* 38 (4): 693–696.

Abbildungen

Sebastian Vehlken: Prestigeverlust

Abb. 1: Harry Houdinis Patent für einen Tauchanzug, 1917/21: Harry Houdini. 1921. Diver's Suit. US Patent Nr. 1370316, 1. März 1921.

Abb. 2: Kempelens Schachtürke, URL: http://www.theweeklybleep.com/?p=232.

Abb. 3a und 3b: When Mechanical Tricks Go Wrong, Keating, Fred und George Bailey. 1932. „What Magicians Do When Mechanical Tricks Go Wrong." *Modern Mechanics and Inventions*, May 1932: 100–104 und 188, hier 100 und 102.

Abb. 4: Joachim Bublath in der *ZDF Knoff-Hoff-Show*, URL: http://www.zdf.de/ZDF/zdfportal/blob/27149048/2/data.jpg.

Abb. 5a: Nikola Tesla im Labor, Bildmontage, in: Marc von Lüpke. 2013. „Meister der Blitze." *Spiegel Online*, URL: http://www.spiegel.de/einestages/erfinder-nikola-tesla-meister-der-blitze-a-951294.html.

Abb. 5b: Nikola Tesla mit kabelloser Glühbirne, URL: https://adaptivecurmudgeon.files.wordpress.com/2012/07/tesla-.

Abb. 5c: Nikola Tesla, Columbia Lecture 1891, URL: http://anengineersaspect.blogspot.de/2012/11/nikola-teslas-1891-lecture-to-american.html.

Katja Müller-Helle: Trick Photography

Abb. 1: Hopkins, Albert A., Hg. 1911 [1897]. *MAGIC: Stage Illusions And Scientific Diversions. Including Trick Photography.* New York: Dover Publications, 433.

Abb. 2: Hopkins, Albert A., Hg. 1911 [1897]. *MAGIC: Stage Illusions And Scientific Diversions. Including Trick Photography.* New York: Dover Publications, 51.

Abb. 3: Hopkins, Albert A., Hg. 1911 [1897]. *MAGIC: Stage Illusions And Scientific Diversions. Including Trick Photography.* New York: Dover Publications, 117.

Abb. 4: Cover von Hopkins, Albert A., Hg. 1911 [1897]. *MAGIC: Stage Illusions And Scientific Diversions. Including Trick Photography.* New York: Dover Publications.

Abb. 5 a: Hopkins, Albert A., Hg. 1911 [1897]. *MAGIC: Stage Illusions And Scientific Diversions. Including Trick Photography.* New York: Dover Publications, 423, Fig. 3.

Abb. 5b: Hopkins, Albert A., Hg. 1911 [1897]. *MAGIC: Stage Illusions And Scientific Diversions. Including Trick Photography.* New York: Dover Publications, 427, Fig. 5.

Abb. 5c: Hopkins, Albert A., Hg. 1911 [1897]. *MAGIC: Stage Illusions And Scientific Diversions. Including Trick Photography.* New York: Dover Publications, 427, Fig. 4.

Abb. 6: Oscar Gustav Rejlander: Johannes der Täufer, 1858, URL: http://www.zeno.org/Fotografien/B/Rejlander,+Oskar+Gustav%3A+Der+Kopf+Johannes+des+T%C3%A4ufers+auf+einer+Platte.

Abb. 7 a: Hopkins, Albert A., Hg. 1911 [1897]. *MAGIC: Stage Illusions And Scientific Diversions. Including Trick Photography.* New York: Dover Publications, 445.

Abb. 7b: Hopkins, Albert A., Hg. 1911 [1897]. *MAGIC: Stage Illusions And Scientific Diversions. Including Trick Photography.* New York: Dover Publications, 446.

Abb. 8: Head on Plate, FIG. 22. In Penlake, Richard. 1906. *Trick Photography: A Handbook Describing all the Most Mysterious Photographic Tricks*. London: Marshall, Bookes & Chalkley, n.p.

Abb. 9: Filmstill aus: *Un homme de têtes* (Georges Méliès, F 1898).

Abb. 10: Jules-Bernard Luys und Émile David, Fluidalfotografie, 9. Oktober 1897, In Clément Chéroux et. al., Hg. 2005. *The Perfect Medium: Photography and the Occult*, New Haven, CT: Yale University Press, 127.

Abb. 11: Adrien Guébhard, Vier Fluidalfotografien auf eine Karte geklebt, 1897–98, In Clément Chéroux et. al., Hg. 2005. *The Perfect Medium: Photography and the Occult*, New Haven, CT: Yale University Press, 134.

Jan Müggenburg: Trickkisten

Abb. 1: Daniel S. Halacy, Bionics. The Science of ‚Living' Machines, New York: Holiday House 1965, 113.

Abb. 2: Heinz von Foerster, ‚BCL Report Circus', Memorandum vom 30. Nov. 1971, University of Illinois Archives, 11/6/17, Box 12, Mappe: ‚Knausenberger, George, 1971–1972'.

Abb. 3: Heinz von Foerster. 1985. *Sicht und Einsicht: Versuche zu einer operativen Erkenntnistheorie*, Braunschweig: Friedrich Vieweg & Sohn, 127.

Abb. 4: The History of Magic Presented by Professor Heinz von Foerster, Vortragsankündigung 2. Okt. 1961, Heinz von Foerster-Archiv am Institut für Zeitgeschichte der Universität Wien, Box DO933, Mappe: ‚1961 History of Magic Urbana'.

Florian Sprenger: Handlungsmächte und das Zaubern ohne Zauberer

Abb. 1: Kennelly, Arthur E. 1890. "Electricity in the Household." *Scribners Magazine* (1): 102–115, hier: 113.

Abb. 2: Loewenthal, Max. 1906. "The Electric Home." *The Electric Age* 37 (3): 161–170, hier: 165.

Abb. 3: Stannard, Harold. 1906. "Electricity in the Home." *American Homes and Gardens* 2 (5): 321–324, hier: 322.

Abb. 4a und 4b: Stills aus *The Electric Home* (Buster Keaton, USA, 1922)

Abb. 5: Cover der Broschüre *Electrical Living*, General Electrics 1945

Abb. 6 und 7: Gold, Rich. 1993. "Art in the Age of Ubiquitous Computing." *American Art* 7 (4): 2–11.

AutorInnen

Jan Müggenburg ist wissenschaftlicher Mitarbeiter am Institut für Kultur und Ästhtetik Digitaler Medien der Leuphana Universität Lüneburg. Er forscht und lehrt zur Geschichte des Computers, der Kybernetik und der Bionik. Zu seinen aktuellen Publikationen gehören: „Der Delfin als Medium: Formation und Imagination in John C. Lillys Kommunikations-experimenten," in *Designing Thinking: Angewandte Imagination und Kreativität um 1960*, hg. von Claudia Mareis (Paderborn: Fink, 2016), 187–213 und „Clean by Nature: Lively Surfaces and the Holistic-Systemic Heritage of Contemporary Bionik," *communication +1*, 3 (2014): Article 9.

Katja Müller-Helle ist Postdoc in der Kollegforschergruppe *BildEvidenz – Geschichte und Ästhetik* an der Freien Universität Berlin. Sie forscht zur Theorie und Geschichte der Fotografie, zur Historiografie der Avantgarde und zu Verfahren der bildlichen Evidenzerzeugung. Aktuelle Veröffentlichungen: *Zeitspeicher der Fotografie: Zukunftsbilder, 1860–1913* (Paderborn: Fink, im Erscheinen); „The Past Future of Futurist Movement Photography," in *The Getty Research Journal* 7 (2015): 109–23; „Stumme Zeugen: Fotografische Bildevidenz am Rand der Wahrscheinlichkeit," in *Zeitschrift für Medienwissenschaft* 11, no. 2 (2014): 37–48; *Blitzlicht*, hg. mit Florian Sprenger (Zürich: Diaphanes, 2012).

Florian Sprenger ist Juniorprofessor für Medienkulturwissenschaft an der Goethe-Universität Frankfurt. Er war Mitarbeiter am Digital Cultures Research Lab der Leuphana Universität Lüneburg und Visiting Scholar an der Stanford University. Bei Meson Press erschienen ist das Buch *Politik der Mikroentscheidungen: Edward Snowden, Netzneutralität und die Architekturen des Internets* (Lüneburg: Meson Press, 2015). Zu seinen Forschungsgebieten gehören die Geschichte künstlicher Environments, Medientheorien digitaler Kulturen und Medien der Unmittelbarkeit.

Sebastian Vehlken ist Medien- und Kulturwissenschaftler und Juniordirektor der DFG-Kollegforschergruppe *Medienkulturen der Computersimulation* an der Leuphana Universität Lüneburg. Er war Gastprofessor an der Humboldt-Universität zu Berlin, an der Universität Wien, und an der Leuphana. 2014 war er Research Fellow am IFK Wien. Sein aktuelles Forschungsprojekt trägt den Titel *Plutoniumwelten: Computersimulation und Kernkraft 1960–1980*. Jüngst erschienen ist u.a. *Neighborhood Technologies: Media and Mathematics of Dynamic Networks*, hg. mit Tobias Harks (Zürich: Diaphanes, 2015).